clave

Joan Gallardo (Manacor, Mallorca, 1984) es escritor, mentor y padre de dos hijos. Lleva muchos años reflexionando, leyendo y estudiando sobre la vida, la felicidad, la fortaleza, el miedo y la paz interior. A través de su blog, de sus redes sociales, del pódcast *Diario de Joan Gallardo* y de sus inspiradoras conferencias, comparte su conocimiento y su filosofía de vida con un único objetivo: ayudar a las personas a vivir mejor y a ser más felices. Como mentor, su agenda está repleta de empresarios, deportistas de alto nivel, profesionales de la salud, así como de personas de todo tipo que buscan claridad y dirección en la vida para explotar su fortaleza y no desviarse del camino de la felicidad y la paz interior. *Nunca renuncies a ser feliz* fue su primer libro, y miles de personas relanzaron su vida con él. Con Las *48 reglas de la disciplina*, su último libro, Joan te ayudará a reconciliarte con la disciplina y a desarrollar todo el potencial que llevas dentro.

Para más información, visita la página web del autor y síguelo en sus redes sociales:
www.joangallardo.es
@joangallardo.es
@joangallardo

Nunca renuncies a ser feliz

Derriba los 6 obstáculos hacia la felicidad

JOAN GALLARDO

DEBOLS!LLO

Papel certificado por el Forest Stewardship Council®

MIXTO
Papel | Apoyando la silvicultura responsable
FSC® C117695
www.fsc.org

Penguin Random House Grupo Editorial

Primera edición en Debolsillo: enero de 2026

Travessera de Gràcia, 47-49. 08021 Barcelona
Diseño de la cubierta: Penguin Random House Grupo Editorial / David Ayuso
Imagen de la cubierta: Joan Gallardo

Printed in Spain — Impreso en España

ISBN: 978-84-663-8790-3
Depósito legal: B-19.654-2025

Compuesto en Pleca Digital, S. L. U.
Impreso en Black Print CPI Ibérica
Sant Andreu de la Barca (Barcelona)

P387903

Para Christian y Cleo.
Con vuestra vida empezó la mía.
Y para todos los que alguna vez creyeron en mí.

Índice

LA PAREJA

LA RELACIÓN CON LOS DEMÁS

EL TRABAJO

EL DINERO

EL MIEDO

Nota del autor

¿Qué es la felicidad? ¿Se puede ser completamente feliz? ¿Qué nos hace infelices? ¿Qué te hace infeliz? ¿Cualquier persona puede ser más feliz? ¿Qué puedo hacer para ser más feliz? ¿Por qué hay personas que lo tienen todo y no son felices? ¿Y por qué otras son felices con menos? ¿Es la felicidad lo mismo que la alegría? Entonces ¿la infelicidad es lo mismo que la tristeza? ¿El dinero da la felicidad? ¿Esta se encuentra en la ausencia de problemas? ¿Puedo ser siempre feliz?

Supongo que te has planteado al menos un par de estas preguntas a lo largo de la vida. Algunos otros, estas y muchas más. Y desde hace milenios.

En mi caso me las planteo desde que tengo uso de razón. De niño no soportaba ver llorar o sufrir a la gente. Me dolía cuando mi madre estaba preocupada o mi padre lo pasaba mal si el trabajo escaseaba. Me preguntaba si eran felices.

En el fondo no tenía muy claro qué significaba «ser feliz», pero imaginaba que estaría relacionado con la alegría, el amor, la bondad y con tener un corazón bien grande.

Un día empecé a preguntar a los adultos si eran felices. La mayoría no me contestaba o me decía «A veces sí y a veces no». Yo volvía a la carga con un infantil pero incómodo «¿Por qué a veces sí y a veces no?», y ahí solía terminarse la conversación.

Quería saber y, como nadie me respondía, decidí observar y reflexionar.

Mis únicas fuentes de conocimiento durante la infancia fueron las películas, las series, los documentales, las canciones y las conversaciones que podía ver y escuchar.

Con los años, mi confusión fue aumentando. Tenía más información, pero muy desordenada. Empezaba a identificar contradicciones. Había conocido a personas muy contentas y alegres (casi exultantes) en ciertos contextos, pero muy desgraciadas en otros. Yo mismo vivía momentos dulces mezclados con otros absolutamente melancólicos.

Antes de que yo naciese, mis padres compraron una enciclopedia de varios tomos, y busqué ahí qué es la felicidad y cómo puede alcanzarse. Pero nada.

«¿Por qué, si es tan importante, cuesta tanto encontrar información sobre este tema?», me decía.

Cuando alguna persona en apariencia feliz se cruzaba en mi vida, intentaba estudiarla bien. Aprender de ella. No fueron muchas, la verdad. Y, cuando aparecían, pronto detectaba algo que me hacía dudar de dicha felicidad.

Quería dejar de pensar en ello, pero no podía. Seguía sin respuestas. Detestaba que fuese así porque, de alguna forma, quería obtenerlas para ayudar a la gente que me rodeaba a ser más feliz.

Entonces aparecieron las preguntas clave: «Si yo no soy feliz, ¿cómo podré ayudar a alguien a serlo?». Y la obvia: «¿Cómo sabré si soy feliz?».

Con el tiempo fui encontrando algunas pocas respuestas, pero también muchas más preguntas. Y cada vez más complicadas.

Quién me habría dicho que, con los años, y a través de la vida y la sabiduría contenida en cientos y cientos de libros (y en otros lugares y personas), acabaría conociendo la respuesta a todas aquellas cuestiones. O mejor dicho: acabaría elaborando mis propias respuestas gracias a la filosofía y la espiritualidad.

Y eso es lo que ofrezco en este libro: mi filosofía de vida. Las respuestas que he obtenido a las preguntas que en algún momento he podido plantearme sobre la vida y, en especial, sobre la felicidad.

En la actualidad, y desde hace bastantes años, tengo una definición de felicidad que ha resistido el paso del tiempo.

También siguen vigentes mis estrategias para combatir la infelicidad, en concreto en seis campos o apartados de la vida especialmente problemáticos que suelen impedirnos alcanzar la ansiada felicidad.

Los llamo «los 6 obstáculos hacia la felicidad» y consisten en la relación que tienes contigo mismo, la pareja, la relación con los demás, el trabajo, el dinero y el miedo.

Los conozco bien porque yo mismo caí varias veces en dichos obstáculos. En alguna época, incluso en todos al mismo tiempo.

Llevo más de una década escribiendo y hablando sobre ellos en blogs, redes sociales, pódcast, entrevistas y charlas.

Y por supuesto, son los temas que ocupan las sesiones con todo aquel que recurre a mí como mentor buscando respuestas, soluciones y guía. Nunca he tenido un solo cliente que me necesitase y no se encontrara en alguno de los 6 obstáculos.

¿Qué encontrarás aquí?

Todo lo que sé.

Todo lo que he aprendido.

Todo lo que me ha funcionado a mí y a mis clientes para salir de la infelicidad y vivir una vida plena. Más feliz. Con más paz interior.

Y tengo muchísimo que contarte. Me resulta emocionante tener la posibilidad de acercar al máximo número posible de personas aquello que desde hace tantos años ayuda a muchos de mis clientes. Todo lo que ofrezco al mundo a través de mis proyectos (como el pódcast *El diario de Joan Gallardo*, mi canal de YouTube o mi perfil de Instagram) quiero y espero que se multiplique por diez con este libro. Te prometo que he dado lo mejor de mí. He vaciado en él, con ilusión y esperanza, todo mi conocimiento para que cumpla su cometido y mi misión personal: ayudar a quien lo necesite. A quien me necesite.

Pero el proceso no solo consistirá en leer. Tendrás que trabajar. Porque, en la vida, la teoría es imprescindible... pero no suficiente. Este libro se te presenta como un camino con un itinerario concreto plagado de preguntas que deberás responder y de ejercicios que tendrás que realizar. Tómatelo como un curso, si quieres. Cómprate un bonito cuaderno para escribir las respuestas, las reflexiones y los pensamientos que te surjan. Subraya lo que consideres importante. Escribe en el libro, si lo necesitas. Deseo, no, mejor, TE PIDO que hagas algo con este libro. Cuanto más interactúes con él, mayor será su impacto en ti y en tu vida. **No busques atajos, no los hay.** Sigue la ruta que te marco y confía en mí, al menos mientras estemos juntos. Me he propuesto no fallarte, querido lector. Esta es mi promesa y pienso cumplirla, querida lectora.

En mi labor como mentor, siempre pido a mis clientes que trabajen en ellos mismos como nunca antes. Que hagan cosas nuevas para que otras diferentes y mejores puedan suceder. Los ejercicios presentes en esta obra te ayudarán a conseguirlo y te cargarán de autoconfianza, autoestima, independencia, fortaleza, coherencia, libertad, responsabilidad, paz interior y, por supuesto, felicidad.

Cuando termines tu trabajo con este libro, quiero todo eso para ti pero, en especial, deseo que seas más fuerte. **Porque solo si eres fuerte tendrás la oportunidad de que la vida te vaya mejor.**

Seguro que con tu compromiso y predisposición podrás lograr grandes cosas mediante la lectura de esta obra y, por supuesto, poniéndola en práctica. Estoy convencido. Espero que tú también.

Te llevaré de la mano a través de los 6 obstáculos hacia la felicidad. Comprenderás por qué se cae en ellos, cómo salir y qué hacer para no volver a tropezar. Te mostraré cómo se construye una mejor relación con uno mismo y lo importante que es para relacionarte de una forma más sana con los demás, cómo solventar el gran asunto del trabajo y el dinero y, finalmente, en qué consiste el miedo y cómo puedes desarrollar tu vida con valentía y fortaleza.

Antes de empezar, permíteme que en la introducción haga una defensa de la felicidad. Si quieres llegar a ser feliz, antes deberás creer en la felicidad. Defenderla. Defenderla incluso cuando parezca que te da la espalda. Porque nunca sabes si la felicidad te está dando la espalda o si eres tú el que se la da a ella. De un tiempo a esta parte veo a demasiadas personas en esta última opción y posición.

¿Alguien que odie el concepto del dinero puede llegar a ser rico?

¿Alguien que odie el deporte puede llegar a ponerse en forma de una manera duradera?

¿Alguien que odie a los niños puede llegar a ser un buen padre o una buena madre?

¿Alguien que odie la felicidad puede llegar a ser feliz?

Ahora lo entiendes.

Espero lo mejor de ti, amigo o amiga.

Espera tú también lo mejor de mí.

Es lo justo.

Gracias por elegir este libro, estoy seguro de que no ha sido una casualidad.

¿Vamos? Adelante.

INTRODUCCIÓN

Me llamo Joan Gallardo, quizá ya me conoces de antes, quizá no. Lo primero que quiero decirte es: soy un tipo feliz, aunque no siempre lo he sido.

Aprendí a serlo hace una década. En un mal momento personal. Exacto, has leído bien: en un mal momento personal.

¿Y cómo lo hice?

Lo decidí. Un día decidí que iba a ser feliz. Más bien debería decir que un día decidí que aprendería a serlo.

En aquella época era infeliz. Muy desgraciado, y los días pasaban duros y lentos. Sentía que me había configurado la vida fatal. Que me lo había montado de pena. Que todo iba mal. Estaba triste, desesperanzado y amargado, pero a la vez también furioso y rabioso. Mis días se alternaban entre culpar a la vida por todo o culparme a mí.

Pero la verdad es que mi vida era lo que era porque me lo había ganado a pulso. Ni mala suerte ni leches.

El mérito de todo aquello era solo mío.

Tal vez por eso, en un momento de inspiración y claridad, pensé: «Lo he roto yo, pero también puedo hacerlo al revés. Puedo arreglar esto. Quizá no de inmediato, pero puedo arreglar mi vida poco a poco».

Aquel día mi vida comenzó a cambiar. Empecé a encontrarme mejor. Fuerte. Lleno de esperanza y energía. Era consciente del caos que me rodeaba, pero me sentía capaz de poner orden en él. De arreglar ese desastre.

Hace unos años escuché una entrevista al pensador Naval Ravikant, uno de los mejores que he descubierto en los últimos tiempos, y, en ella, dijo algo que definía a la perfección aquel primer paso hacia la felicidad: «La felicidad primero es una decisión que tomas, y segundo, una habilidad que desarrollas».

Era justo lo que sentí. Que no era feliz, pero que podía aprender a serlo. No es que estuviese seguro de conseguirlo, no es eso, es que tuve la certeza de que iba a invertir mi vida en ello si era necesario. Porque en mi cabeza empezaba a formarse un nuevo pensamiento: «Una vida infeliz es un maldito desperdicio».

Mi enfoque sobre la vida cambió. Comencé a creer con todo mi corazón que lo primero, que lo más importante, era ser feliz. Intuía que no sería fácil, pero no me importaba. Como mínimo, iba a intentarlo.

«Cuando muera, bajaré los brazos. Mientras viva, no».

Prefería pasarme la vida intentando ser feliz, y no lograrlo, que resignarme a ser infeliz. No me daba la gana vivir así. Fin.

Por aquel entonces escuchaba mucho a los Queens of the Stone Age. En una de sus canciones decían: «Quiero algo bueno por lo que morir, para que sea bonito vivir».

Vivir para tener una vida feliz vale la pena. Lo consigas o no.

Es mucho mejor que rendirse a la infelicidad.

Creo que, en el fondo, mi truco fue decidir no perder la esperanza.

Pensar que algún día podría ser completamente feliz.

A partir de ahí me movía por la vida de otra forma. Pensaba y decidía bajo otros términos. Estaba centrado y determinado. «¿Esto me va a hacer más feliz?» o «¿Esto tiene que ver con mi felicidad?». Estas eran las preguntas que me planteaba todo el tiempo.

Nada ni nadie me iba a detener.

Pronto identifiqué todo aquello que me hacía infeliz. También busqué respuestas e información valiosa sobre los tiempos en que fui feliz, si es que lo había sido en algún momento de mi vida.

Pero para encontrar esas respuestas, antes necesitaba resolver la gran pregunta: ¿qué es la felicidad?

Mi mejor definición por aquel entonces era «La felicidad es la ausencia de problemas». Sin embargo, esa no podía ser la definición. Iba en contra de lo que había aprendido. Veamos: si la ausencia de problemas es igual a felicidad, eso significa que siempre que tengas un problema perderás la felicidad, y que cuando no lo tengas serás feliz... solo hasta que aparezcan otros problemas.

Menudo trato. No podía ser eso.

Yo quería una vida que discurriese por sus cauces normales, con días buenos y otros menos buenos, con sus problemas lógicos y dificultades, y con sus etapas más tranquilas y fáciles.

Y ser feliz siempre, claro.

Empezaba a completar el cuadro.

Mi intuición me decía que todo aquello tenía que ver con la tranquilidad, la paz, la libertad y la fortaleza.

No creía que tuviese que ver con la tristeza, la alegría y otros estados de ánimo. Buscaba algo que estuviese por encima de todas esas cosas. No quería sentirme feliz o estar feliz. ¡Maldita sea, quería SER FELIZ! Todo el tiempo. Y también estar triste o melancólico algún día sin que eso supusiese dejar de serlo. O enfadarme sin tener que pensar: «Esto me hace infeliz». No podía ser que la felicidad fuese tan frágil.

Porque cuando era infeliz también tenía días alegres donde reía y me divertía, pero eso no me convertía en una persona feliz.

Tampoco quería creer que, para ser feliz, tuviese que ser rico o famoso, o ambas cosas. Había leído las suficientes biografías en mi vida como para saber que muchos ricos y famosos también eran infelices.

Por último, quería que todo aquello fuese «enseñable». Que llegado el momento, pudiera explicarlo a mis hijos y seres queridos.

Que fuese fácil de explicar. Que cualquier persona pudiese sacar algo positivo y bonito de ello. Que no fuese solo algo para personas ricas, famosas o de éxito.

No podía creerme que la felicidad fuese tan difícil de conseguir. Además, había leído sobre personas felices con vidas humildes y anónimas. Tenía que haber algo, un hilo conductor. Algo que sirviese, ya fueses rico o pobre. Famoso o anónimo. Talentoso o torpe. Muy inteligente o con un cociente medio.

Si iba a entregarme a esa aventura y a ese descubrimiento, tenía que ser bajo estas premisas. Mi camino hacia la felicidad había comenzado.

Tras mucho tiempo observando, estudiando a todo tipo de pensadores que hablaban y escribían sobre el tema, meditando, reflexionando y filosofando, lo vi claro. Por fin tenía una definición convincente de la felicidad. Un punto de partida.

Intenté con todas mis fuerzas refutar aquella definición. Me busqué las cosquillas con auténtica mala leche. «No tengo que autoconvencerme de que esto es así, debo averiguar si tiene fallos», me dije. Pero no lo conseguí.

Tantísimos años después sigo leyendo y estudiando sobre la felicidad y no he encontrado nada mejor. Nada tan fácil de explicar ni tan sencillo de aplicar. También he tenido el privilegio de trabajar con cientos de personas que me han servido para reafirmar mi idea. Mi definición.

Aquí va: para mí, la felicidad es igual a paz interior.

Ser feliz es tener paz en el interior y aprender a no perderla a pesar de los problemas y las dificultades que la vida nos presenta.

No es estar todo el día dando palmas y partiéndose de risa. Tampoco es ser un optimista-ingenuo-fan del «¡Todo va a ir bien!» y del «¿Estás triste? ¡No lo estés y ya está! ¿Quieres ser feliz? ¡Deséalo y ya está!». Ojalá fuese así de sencillo, de verdad que sí, nada me gustaría más. Pero la realidad es que hay un camino previo que debe andarse.

El Dalai Lama dice: «La felicidad depende de la paz interior, la cual depende de la bondad [...] que se consigue cultivando el altruismo, el amor y la compasión, y eliminando la ira, el egocentrismo y la vanidad». Ahí está.

Ahora lo explicaré con detalle, pero antes piensa un momento en esto: ¿cómo sería una sociedad en la que todo el mundo sintiese paz interior? Medítalo un rato antes de continuar.

En los peores momentos de mi vida siempre me veía clamando por lo mismo: «Un poco de paz, por favor..., solo pido eso».

La paz.

¿Cómo sería una sociedad en paz? ¿Un mundo en paz?

Sin duda, sería un lugar mucho más feliz.

Nadie haría daño a nadie. Todos nos ayudaríamos. No daríamos por saco al prójimo. No habría odio. Ni rencor ni envidias. Nos alegraríamos de los éxitos ajenos y viviríamos un nuevo amanecer.

Por desgracia quizá solo sea una fantasía. Una utopía.

Porque para conseguir algo así, cada persona del planeta tendría que resolver su conflicto interior. Uno a uno.

Krishnamurti, uno de los mejores autores espirituales que hayan existido, decía que el problema del mundo es el problema del individuo, y que cuando cada individuo haya solucionado su problema, su conflicto, el mundo verá solucionado el suyo.

Casi nada. Si él no lo consiguió, yo mucho menos. Lo sé.

Pero seguro que se puede hacer algo. Me niego a quedarme de brazos cruzados.

No he podido cambiar el mundo, pero sí pude cambiar el mío.

No puedo cambiar el mundo, pero llevo bastante tiempo ayudando a que muchas personas cambien el suyo.

Ahora te digo lo que el satírico y polémico dibujante y escritor Scott Adams les dijo a sus lectores en una de sus obras: «Mi objetivo no es tener razón al cien por cien. Te expongo algunas nuevas formas de pensar en el proceso para alcanzar la felicidad y el éxito. Compáralas con lo que ya sabes, lo que haces y lo que sugieren otros».

Si has conseguido ser feliz de forma auténtica y duradera por otras vías, también me alegraré muchísimo por ti. Ojalá cada vez salgan más formas de ser completamente feliz. Ojalá se me ocurra otra aún más efectiva. Seguiré estudiando y reflexionando sobre ello hasta que mi vida llegue a su fin.

Ahora, la siguiente pregunta es: «¿Cómo consigo esa paz interior?».

Aunque la mejor es: «¿Qué tengo que hacer para conseguir esa paz interior?». Porque esto va de hacer. Pero también de deshacer, de modo que hay una segunda pregunta que deberás plantearte: «¿Qué tengo que hacer para no perder esa paz interior?».

A lo largo del libro verás que se trata más de lo que no debes hacer para no perder tu paz interior que de otra cosa. Pero si ya has caído en eso y no alcanzas la paz interior, tendrás que hacer algo para recuperarla. Por ejemplo: la mejor forma de perder peso es no tener ningún peso que perder, pero si ya estás con veinte kilos de sobrepeso, deberás hacer algo para ponerle remedio. ¿Me sigues?

La mejor noticia es que cuando empiezas a recuperar tu paz interior, aunque sea un poco, todo mejora mucho. No hay que llegar a una meta para empezar a ser feliz. Este es un camino del que se recogen frutos desde el primer paso que das. Es maravilloso.

Por desgracia, muchos siguen creyendo en otras vías, otros caminos. Caminos que llevan fallando a la gente una y otra vez.

Por ejemplo, muchos pasan media vida intentando ganar más dinero, pensando que ahí está la respuesta. Yo también lo creía. Pero no. Puedes ser un desgraciado con un millón de euros en el banco o una persona feliz con cinco mil. Quizá no con una deuda de diez mil, pero ya llegaremos ahí en el capítulo sobre el dinero.

Puede que también creas que la felicidad está en conseguir un trabajo concreto, ser famoso, casarte con la persona que siempre has deseado o vivir en una casa de trescientos metros cuadrados. Hay miles de personas que tienen esas cosas, y no todas son felices. Y millones que no las tienen, y lo son.

¿Crees que vivir en una casa un 20 por ciento más grande hará tu vida un 20 por ciento mejor? ¿O que ser un 20 por ciento más rico hará tu vida un 20 por ciento mejor? ¿O que ser un 20 por ciento más guapo o delgado hará tu vida un 20 por ciento mejor? Lo dudo.

Pero ser un 20 por ciento más feliz (si se puede medir así, me refiero a un poco más feliz, no del todo siquiera) no hará tu vida un 20 por ciento mejor. No, hará que tu vida sea muchísimo mejor.

Mira, no sé si todo el mundo puede ser completamente feliz. Pero creo que todos pueden serlo un poco más. ¿Quién no querría ser un poco más feliz? ¿Tú lo quieres? Nadie diría que no.

En resumen, todo esto trata de que tomes las riendas y des comienzo a una nueva vida.

Una nueva vida donde te harás fuerte haciendo lo que tienes que hacer, te guste o no, te apetezca o no.

Donde intentarás enderezar aquello que está torcido.

Donde empezarás de cero las veces que haga falta.

Donde harás de la felicidad tu prioridad.

Donde serás humilde, pero también osado.

Donde aprenderás a confiar en ti porque no dejarás de demostrártelo.

Donde harás el bien a los demás y nunca darás por saco.

Donde actuarás con la misma libertad que ofrecerás a los demás.

Donde desarrollarás un carácter robusto a través de los problemas, gracias a ellos... y sin perder tu paz interior.

Donde verás la vida con esperanza. Con positividad, pero sin dejar de ser realista.

Donde tus valores y principios guiarán siempre tus acciones.

Donde serás, por ejemplo, buen hijo, buen hermano, buena amiga, buena pareja, buen padre, buena madre, buena tía o buen abuelo para los tuyos.

Donde no juzgarás.

Donde perdonarás.

Donde amarás y te dejarás amar.

Donde respetarás a todo el mundo.

Donde sumarás y no restarás.

Donde serás agradecido con lo que tienes.

Donde no serás codicioso, vanidoso o envidioso.

Donde rechazarás el consumismo como forma de vida para sentirte mejor.

Donde, uno a uno, irás viviendo y dominando tus miedos.

Donde no harás daño a nadie.

Donde tratarás bien a los demás.

Donde te tratarás bien.

Donde te querrás.

Donde amarás la vida con todo tu corazón.

Donde obrarás, como decía el gran filósofo Kant, «como si cada uno de tus actos se convirtiese en una ley universal».

Aquí empieza tu viaje a través de los 6 mayores obstáculos que me he encontrado en la vida en el camino hacia la felicidad. Te explicaré cómo logré superarlos y cómo ayudo a mis clientes a hacer lo mismo. Mi esperanza es que tú también lo logres.

A cambio de tu tiempo y la adquisición de este libro, te entrego lo mejor de mí. Valoro y respeto tu esfuerzo, tu dinero y la confianza que has depositado en mi persona. Te prometo que no hay una sola página de relleno. Tampoco he hablado de nada que no conozca bien. Mi honestidad está contigo, puedes empezar tranquilo.

Espero que saques algo de utilidad para tu vida.

Ten fe y esperanza. La felicidad siempre merece un esfuerzo más.

Adelante.

LA RELACIÓN CONTIGO MISMO

Este viaje, este camino, esta aventura, empieza por donde debe: por uno mismo. Todos los capítulos del libro son importantes, pero sin este los demás no valen nada. ¿Nunca te has preguntado por qué tanta gente rica es infeliz? ¿Por qué tantas personas que han obtenido fama y éxito no alcanzan la felicidad? ¿Por qué tanta gente con una buena pareja es infeliz? ¿Por qué tantas personas con trabajos espectaculares no se sienten felices? ¿Por qué tanta gente con buenos amigos es infeliz?

La respuesta es esta: porque algo falla en su interior.

Comencemos.

Tu relación con el mundo y con los demás refleja la que mantienes contigo mismo. Si no es buena, te costará desarrollarte en la vida.

En tu interior pueden darse estados brutalmente adversos: vanidad, egocentrismo, autoestima y autoconfianza bajas, inseguridad, culpabilidad, remordimiento, juicios internos, miedos, complejos, sentimiento de inferioridad, comparaciones y falta de autoperdón. Cualquiera de ellos puede limitar tu capacidad para ser feliz y tener paz interior.

¿Te sientes identificado con alguno? Piénsalo un momento...

Sin excepción, todos mis clientes sufren alguno de estos estados cuando contactan conmigo. Siempre me cuentan un problema externo que encierra, a veces de forma oculta, uno interno.

Encontrar lo que no va bien dentro de la persona es el primer paso para solucionar lo que no funciona fuera de ella. Si intentamos resolverlo al revés, nunca sale del todo bien.

Hay quienes se dedican a intentar arreglar los problemas y otros se concentran en reordenar su vida para que las dificultades no aparezcan con tanta frecuencia. Esta es la diferencia entre ponerse una tirita cuando nos cortamos con un cuchillo y aprender de una vez por todas a manejarlo como es debido.

Algunas personas son auténticas máquinas de crear problemas. Luego se quejan de su mala suerte. Miran con aversión el mundo que les ha tocado vivir, pero no se paran a pensar cuánto tienen que ver ellos en que ese mundo sea así.

Esta falta de humildad es la primera barrera que tienes que derribar.

Siempre debes admitir tu parte de culpa. Tu responsabilidad. Quizá al principio no te parezca evidente, puede que necesites pensarlo durante un tiempo, pero haz el esfuerzo. Cualquier responsabilidad que no asumas acabará repercutiendo negativamente en tu nivel de paz interior. Te considerarás una víctima de tu propia existencia y de la de los demás, a los que llamarás «verdugos».

Es raro que alguien sea plenamente inocente de todo lo que no funciona en su vida. En mis peores momentos siempre he tenido una parte de responsabilidad. A veces, a niveles criminales. En otras ocasiones, cuando creía ser inocente al cien por cien, me ponía a pensar y escarbar hasta que un día lo veía claro y me decía algo del tipo «Si lo hubiese querido ver, esta mierda se habría evitado».

Así que déjame que te pregunte: ¿qué parte de culpa tienes en aquello que no funciona de tu vida? ¿Seguro?

Si crees que no tienes nada que ver con las cosas malas que te suceden y asumes el papel de víctima, te quedarás sin capacidad de acción, y esperarás que sean los «verdugos» los que cambien. ¿Para qué vas a cambiar, si no es culpa tuya? «¡Que cambien los demás, demonios!». Parece lógico. Pero no. No funciona así.

Sin embargo, si identificas tu parte de culpa cuando la vida no te va todo lo bien que quieres, podrás actuar. Tendrás margen de maniobra y, por lo tanto, de mejora.

Si creo que la vida es injusta, no tengo motivo para cambiar. No es culpa mía, sino de la vida. Del cruel destino. Del Karma. De Dios.

Pero si no cambio, mi vida tampoco lo hará. Punto.

No estoy diciendo que tengas TODA la culpa de TODO lo malo que te sucede, pero seguro que, en mayor o menor medida, tienes algo que ver. Además, no creo que hayas comprado este libro con la intención de no cambiar absolutamente nada de ti. ¿No?

En su momento repasé los peores episodios de mi vida. Los más injustos. Al profundizar en ellos, descubrí que en casi todos yo había tenido mucho que ver. De forma directa o indirecta. En el mejor de los casos, puedo decir que mi ceguera voluntaria fue determinante para que todo se fuese poco a poco al carajo.

Y haberme dado cuenta de eso es bueno porque me permite tomar las riendas de mi vida al saber que si cambio mis acciones, podré cambiar mi realidad. Y eso me da independencia y un nuevo poder.

Sin embargo, ese pensamiento conlleva aceptar otro muy doloroso: que, en realidad, no somos nunca del todo inocentes en cuanto a lo que está mal en nuestra vida y que... de una forma u otra, lo sabemos.

Quédate con esto: todos conocemos, a un nivel u otro, nuestros errores. Pero decidimos ignorarlos porque duele menos que aceptarlos y verse obligado a cambiar.

La mayoría de las personas creen que no están a tiempo de arreglar sus equivocaciones. Que el caos es demasiado grande. Que eso de la felicidad ya no les llegará nunca. Que su saldo se ha terminado.

Asumen su papel y van contra el mundo. Y, de paso, señalan a los que tienen y disfrutan de lo que ellas no han podido o sabido conseguir.

Pese a todo esto, debo decirte que yo sí creo que todo el mundo tiene, al menos, una oportunidad real de enderezar su vida. Y el primer paso es, sí o sí, aceptar y reconocer los errores cometidos para no volver a cometerlos en el futuro.

Merece la pena esforzarse por encontrar tu nivel de responsabilidad cuando las cosas no van bien. Ahí está tu margen. Ahí está el poder. Tu poder.

Desde ahí puedes crecer más que desde ningún otro lugar.

Pero para emprender este viaje necesitarás humildad, madurez y soportar una buena dosis de dolor y culpabilidad.

Rollo May, psicoterapeuta, pensador y autor de obras magistrales como *Amor y voluntad*, decía que uno no despierta del todo sin sentir algún tipo de dolor. Y tenía toda la razón.

—¿Qué parte de culpa crees que tienes en esto? —le pregunté a María, una clienta que tuve hace un par de años en mis mentorías.

—¿Culpa yo? ¡Ninguna! —contestó.

Su pareja la había abandonado. Según ella, de un día para otro. No le cogía el teléfono y la tenía bloqueada en WhatsApp.

—Esto será muy difícil, María... —le dije.

Le pedí que me contara su relación desde el principio. Te lo puedes imaginar: ella lo había hecho todo bien y él todo mal.

He trabajado en demasiados casos de este tipo como para aceptar por las buenas que una ruptura es solo por culpa de uno de los miembros de la pareja.

—¿Y él qué quería, María? —le pregunté.

—Yo qué sé. Nunca estaba dispuesto a hablar.

—¿Es fácil conversar contigo, María?

—Ay, no sé...

—¿Seguro?

Cogí mi teléfono, pedí el número a María y llamé a su ex. Me contó que estaba muy abrumado, agobiado de tanto reproche y discusión, y triste porque nadie se preocupaba por lo que él sentía. Al colgar, vi a María agachar la cabeza. Admitió que quizá tampoco había estado a la altura. Su papel, en un momento, cambió.

Pasó de ser la mujer a la que habían dejado a ser alguien con parte de culpa en su ruptura. Ya no era más una víctima sino una colaboradora necesaria.

Ahora sí podía pensar en cambiar cosas de ella misma. ¿Ves la diferencia?

No volvieron a estar juntos. Pero ella asumió sus errores y, con el tiempo, trabajó en ellos y los solucionó. Ahora vive una relación feliz con otro hombre con quien se comunica de una forma ejemplar.

De no haber admitido su parte de culpa y el dolor que conlleva, seguiría en su posición de víctima.

Como ves, el primer paso para limpiar y mejorar la relación que mantienes contigo es que quieras ver lo que está mal dentro de ti.

Haz autocrítica, pero sin dejarte llevar por la severidad.

Tampoco caigas en la tibieza.

Tira a dar. Búscate las cosquillas.

Recuerdo un episodio de *Los Simpson* en el que toda la familia va en el coche. De repente se enciende un testigo que indica «revisar motor». En rojo, con un sonido de alarma. Lisa avisa a Homer de lo que está pasando y él coge una tira de cinta adhesiva y tapa el testigo. Finalmente dice: «Listo, problema solucionado».

A los tres segundos el coche empieza a echar humo. Suelta un petardazo y se para en seco.

Que no quieras ver los problemas no significa que no existan. Es más, si los ignoras, se volverán gigantescos. Cuando ya no soportes más sus efectos y quieras reaccionar, todo será mucho más difícil.

¿Estás dando la espalda a algún problema en tu vida? Piénsalo un momento.

Tienes que limpiar todas tus partes malas, aquello de lo que no estás orgulloso.

Pregúntate qué no te gusta de ti. Sométete a autoescrutinio de forma frecuente.

Es un trabajo para toda una vida. Pero te hará mejor cada vez. Y mejorará todo lo que te rodea.

No hace tantos años me sentía orgulloso de odiar a algunas personas. Me daba la sensación de que así hacía justicia. De que de esa forma les hacía pagar sus ofensas hacia mí.

Un día estaba con mi hijo mayor cuando este apenas tenía dos años. Delante de él, tuve una fuerte discusión por teléfono con una persona. Me puse hecho una furia. Mi niño no entendía lo que decía, pero de alguna forma notaba lo que estaba pasando. Se le tensó el rostro y su ánimo decayó al instante.

Cuando terminé la conversación, lo miré. Y me miré a mí mismo desde sus ojos. Me avergoncé terriblemente. Me sentí muy mal. Muy culpable.

Podría haber culpado a la persona que estaba al otro lado del teléfono, claro. Pero no. Esa vez no.

Abracé a mi hijo y me prometí que guardaría todo el espacio posible de mi corazón para amar. Solo para cosas bonitas. Que nunca más mantendría en él odio ni rencor.

Esto es lo que digo a mis clientes: «Empezarás a cambiar en cuanto desees, necesites y al fin decidas con todas tus fuerzas que quieres hacerlo».

¿Estás en ese punto? ¿Lo has decidido con todo tu corazón? Espero y deseo que sí. Porque podemos conseguirlo. Seguro.

Mi vida cambió cuando decidí mejorar la relación conmigo mismo. Sentía que todo sería mejor si podía contar conmigo. Que temería menos y viviría más. Y así fue.

Lo mismo sucede desde hace años con las personas que han venido a pedirme ayuda. En cuanto empiezan a mirarse y a trabajarse por dentro, sus vidas mejoran.

Es así siempre. Sí, siempre.

Y no digo que sea fácil. Porque duele, pero vale la pena.

A partir de ahora veremos uno a uno los errores y obstáculos más comunes en la relación con uno mismo.

Nuestra primera parada será uno de los favoritos del ser humano: la vanidad. Una cualidad incompatible con la felicidad. Así que... vamos, a por ella.

Vanidad

Decía C. S. Lewis, autor de *Las crónicas de Narnia* y de algunos de los libros más alucinantes que se hayan escrito sobre apologética, que la vanidad era el peor pecado. Estoy de acuerdo. No ha habido nada más devastador en mi vida (y en el mundo) que la vanidad.

La vanidad es ese cruce de caminos en el que se encuentran la egolatría, el egocentrismo, el egoísmo, el orgullo desmedido y el narcisismo.

La fuerza que vence a la vanidad es la humildad. Al contrario de lo que creía en su momento, la humildad es más fuerte que la vanidad. Y puestos a elegir un arma para la vida, mejor optar por la más potente.

¿Cuál eliges? Queramos o no, todos optamos por una u otra cualidad. Te pido que aquí y ahora elijas una. Que te comprometas. Recuerda que no puedes sujetar las dos al mismo tiempo. Eres humilde o eres vanidoso. No es posible que coexistan. Si crees que puedes equilibrarlas o hacer malabares con las dos, tengo que decirte que te encuentras en un error crucial que te llevará a una incoherencia permanente, o lo que es lo mismo, al caos.

Conozco de cerca la vanidad. Durante un tiempo, fui la persona más orgullosa y vanidosa con la que me he cruzado en la vida.

Pero tiene una parte buena: cuanto más vanidoso eres, más humilde puedes llegar a ser.

¿Por qué? Porque las consecuencias de la vanidad son tantas y tan venenosas que, llegado el momento, puedes notar como si el infierno se abriera bajo tus pies.

¿Y eso es bueno? Sí, porque te asustas. Porque duele. Mucho.

Y si tienes dos neuronas libres, reaccionas. Cambias.

Lo malo es que la vanidad es muy hábil. Se las apaña para que creas que, cuanto más orgulloso eres, más poder consigues. Que la necesitas para manejarte en el mundo. Para no dejar que te pisoteen. Para ganar. Para convertirte en un triunfador.

Y la defiendes. Te alías con ella. La vanidad y el orgullo son tus amigos. Obtienes logros gracias a ellos. Das las gracias por tenerlos de tu lado. Y no estás dispuesto a renunciar a sus beneficios con facilidad.

Es por este motivo que a veces se necesita caer hasta el fondo para despertar. El cambio suele necesitar de un fuerte dolor previo.

Por eso, cuando alguien quiere contratarme como mentor, primero intento descubrir su nivel de dolor. Si lo que le sucede no le duele lo suficiente, no tendremos éxito. Porque no habrá reacción. Culpabilidad. No renunciará a lo que le ha llevado al subsuelo. Y la humildad seguirá oculta, esperando en algún lugar de su interior.

Por eso no cojo cualquier caso. **Se necesitan una serie de emociones para cambiar. Y el dolor suele ser la más necesaria.** ¿Te duele lo suficiente como para plantearte el cambio? Sigamos.

Jose era un chico guapo. Joven. Con un buen trabajo. De esos hombres a los que les sonríe la vida.

Sin embargo contactó conmigo porque su mundo parecía derrumbarse a su alrededor.

Acababa de vivir una ruptura. Había sido infiel a su pareja y ella se había enterado. Sus amigos lo habían dejado de lado. En el trabajo, su jefe lo machacaba constantemente. Con sus padres se llevaba cada vez peor y su caos interno era descomunal.

Recuerdo la primera vez que hablamos. A los dos minutos, escribí en su ficha: VANIDAD. No me equivocaba.

Para él, todos tenían la culpa de lo que le pasaba. Su pareja no le prestaba atención. Sus amigos eran unos falsos. Su jefe, un cretino, y sus padres no lo entendían.

«¿Eras un buen novio?». «Sí». «¿Eras un buen amigo?». «Sí». «¿Eres un buen empleado?». «Sí». «¿Un buen hijo?». «Sí». Te lo puedes imaginar.

—¿Y por qué ha pasado todo esto, Jose?

—No sé. La vida, que es injusta.

Tras una dura conversación, algunos temas empezaron a salir.

Hablaba con chicas para subirse el ego. Nunca estaba ahí para sus amigos, pero luego se enfadaba si no le hacían caso. Su rendimiento en el trabajo había bajado mucho últimamente. Y solo iba a casa de sus padres a buscar comida o a dejarles ropa para que se la lavasen.

—Poco te pasa, Jose —le dije.

A través del monitor del ordenador pude ver cómo agachaba la cabeza. Se hizo el silencio y la vergüenza se apoderó de él.

—¿Y ahora qué hago, Joan?

—Cambiar. ¿Qué, si no?

Me pidió que le ayudara a recuperar a su ex. Aunque podría haberlo intentado —y quizá conseguido—, preferí que se limitara a disculparse. A decirle que lo sentía muchísimo. Sin pedirle nada a cambio.

Hicimos lo mismo con su grupo de amigos. Todos le perdonaron, aunque solo dos siguieron quedando con él y ayudándole en esta nueva etapa.

Concertó una reunión con su jefe. Delante de él, reconoció su poco rendimiento y su mala actitud, y le pidió una oportunidad para demostrarle que podía hacerlo bien. Su jefe le dijo que estaba a punto de despedirlo, pero que le había impresionado ese «ataque de humildad» y que le daría otra oportunidad.

También pidió perdón a sus padres por su egoísmo. Empezó a cocinar y a hacerse sus propias coladas. Le pedí que fuese una vez a la semana a tomar café con ellos. Solo para visitarlos.

Al final le dije que se perdonara por aquel desastre que ÉL había provocado.

Un año después, Jose era otro. Seguía siendo joven, guapo y con un buen trabajo. Pero su actitud había cambiado. No había ni rastro de vanidad.

Escuchaba. Hacía. Hablaba lo justo y necesario. Aprendía. Observaba. Y crecía.

No volvió con su ex. De hecho, se autoimpuso un tiempo de soltería. «Joan, me he propuesto estar un tiempo solo. No quiero fastidiarla la próxima vez». Pese a todo, ella lo perdonó y aún mantienen una relación cordial.

Jose aceptó, con preciosa humildad, que tenía mucho que ver con todo lo que estaba mal en su vida. La vanidad le había dado mucho, pero le había hecho perder aún más. Rechazó ese orgullo venenoso y se abrió a una culpabilidad que le permitió reaccionar. Y cambiar.

La vanidad caerá cuando el mundo que ha creado para nosotros desaparezca. Cuando lo haga (que lo hará, tarde o temprano), todos tendremos una oportunidad para rechazarla.

Confía en la humildad. Nunca ha dejado a nadie tirado. Créeme. ¿Lo harás?

Rollo May decía que la culpabilidad es necesaria para llegar a un punto donde admitamos nuestra situación y así desarrollar una creatividad que nos permita solucionar los problemas de nuestra vida. También para aceptar la ayuda de los demás.

Si quieres solucionar los problemas más duros de tu vida necesitas, primero, sentir culpa.

Cuando te sientes culpable por algo que has hecho o provocado puedes buscar ayuda, observar y encontrar las mejores soluciones.

Quédate con eso. La culpabilidad no es mala en sí misma. Activa la creatividad. Da paso a la aceptación. Permite que los demás puedan ayudarte. Quién sabe, puede que te haya traído hasta este libro. No hay cambio vital posible sin una dosis de culpabilidad.

Pero la verdad es que duele. Muchísimo. Es un dolor único. Profundo.

La buena noticia es que duele primero y sana después.

Como dicen las madres: «Si el medicamento sabe bien, no cura».

Pues abre la boca. Y traga.

Como ya he dicho en la introducción, hace casi una década todo estaba mal en mi vida. La realidad que había construido era un monstruo que me devoraba cada noche, cuando intentaba dormir. Ya había vivido épocas jodidas, pero era como si aquella gestara un puñetero apocalipsis sobre mi cabeza. En mi cabeza.

Había una tormenta en mi interior. Todo me salía mal. No tenía dinero, mi vida amorosa era un caos y me sentía muy infeliz.

Tomaba una mala decisión tras otra. Sin descanso.

Empecé a leer. Tenía en casa un libro de Wayne W. Dyer, autor de *Tus zonas erróneas* entre muchos otros títulos de gran éxito en el mundo del desarrollo personal. Abrí una página al azar y leí: «El ego es una idea falsa sobre quiénes somos. Es el falso yo».

Pensé en mi yo del pasado. Cuando era más joven. Más niño. Me dolió darme cuenta de que antes era mejor persona. La vanidad me había hecho conseguir algunas cosas (que no valían mucho la pena) a cambio de deformarme. De hacerme peor ser humano.

Ciertas facetas de mí me repugnaron. Así que decidí rechazar toda oferta que la vanidad, el orgullo o el ego pudieran hacerme.

«Prefiero no tener nada antes que ser vanidoso», me repetía.

«Solo quiero tener paz. Ser feliz». Descubrí que el ego nunca me daría esas dos cosas.

Había emprendido un camino. Uno que, poco a poco, reordenó mi vida y trajo cosas maravillosas. Uno que me hizo abrazar y defender la humildad ante todo.

Uno de los pasajes más bonitos de la Biblia dice: «El altivo será humillado, pero el humilde será enaltecido» (Proverbios 29:23).

Solo lo entiendes cuando lo vives. Y está bien así.

Pregúntate, al menos durante un tiempo, si estás más cerca de la vanidad o de la humildad. Si vas a mejor o a peor.

¿Eres mejor persona hoy que hace cinco años?

¿Y que hace quince?

Responde con valentía y... humildad. Ya sabes.

Nada de lo que hice por orgullo me hizo sentir orgulloso de mí mismo.

Es más, cuando rechacé la vanidad empecé a reconocer los efectos y destrozos que había provocado en mi vida. Pero también en la sociedad y en las otras personas. Veía vanidad por todas partes. Y eso me hizo comprender muchas cosas.

Hoy mi corazón reconoce la humildad. No sé si la percibo o la busco, la cuestión es que la veo.

Y me gustaría que tú también la buscaras. Que te hicieses su amigo.

Su aliado. Que confiases en ella.
Porque la humildad es imprescindible para que se dé la bondad.
Y la bondad, imprescindible para que se dé la paz interior.
Y la paz interior es sinónimo de felicidad.
Entonces la humildad es imprescindible para llegar a ser feliz.
Si eres humilde, no necesitarás compararte con nadie.
No te sentirás superior ni inferior a otros.
No tendrás envidia.
Te darás la importancia justa y necesaria.
No te tomarás los ataques de forma personal.
No criticarás para destruir.
Intentarás ayudar cuando alguien te necesite.
Perdonarás y pedirás perdón con naturalidad.
Asumirás tus errores e intentarás enmendarlos y aprender de ellos.
No es una mala oferta, ¿verdad?
¿Qué me dices? ¿Aceptas?
No tienes nada que perder.

Diálogo interior

En cuanto rechaces toda vanidad y ego, en tu cabeza empezará a sonar una música distinta. Unas palabras diferentes. Mejores. Conversaciones nuevas. Debes prestar atención a esto. Es uno de los aspectos que más trabajo con mis clientes porque tiene la capacidad de cambiar su vida: el diálogo interior. Es decir, cómo te hablas.

Deja que te plantee algunas preguntas sobre tu diálogo interior:

¿Es amistoso?

¿Te ayuda?

¿Es duro?

¿Es demasiado crítico?

¿Es justo contigo?

¿Incluye insultos? ¿Y menosprecios?

¿Te sirve de algo?

¿Mejora tu vida?

Ahora intenta responder con sinceridad a la siguiente cuestión: ¿le hablarías a un hijo como te hablas a ti?

Si tu respuesta ha sido un «no» rotundo... tenemos un problema.

Pero, tranquilo, tiene solución. Te lo prometo. Para toda dificultad en la vida solo son necesarias dos acciones: la primera, creer que tiene solución; la segunda, empeñarse y no rendirse hasta conseguirlo.

Y el esfuerzo merece la pena. Si cuidas un poco tu diálogo interior, tu vida mejorará muchísimo.

La rentabilidad de esta operación está más que asegurada.

—Pero ¿es tan importante, Joan? —me preguntaba hace casi un año Pablo, un maravilloso y joven cliente.

—Es imprescindible para llegar a ser feliz —le contesté.

No podría estar más seguro de ello.

Si no te hablas bien, no puedes ser feliz.

¿No te parece lógico?

¿Puede alguien ser feliz si su pareja le habla mal?

¿Puede un niño ser feliz si sus padres le hablan mal?

¿Puede una persona disfrutar de su trabajo si su jefe siempre le habla mal?

¿Puedes ser amigo de alguien que te habla mal?

No puedes escapar de la forma que tienes de hablarte.

Punto.

Pablo pensaba que si era duro con él mismo acabaría convirtiéndose en un hombre fuerte. Que, de alguna manera, ese rigor le concedería todo lo bueno que deseaba.

«Mira que eres inútil, ¿cómo has podido fallar en esto?».

«Soy gilipollas, tendría que haberme percatado de que me la estaba jugando».

«Dormir es de cobardes. ¡No puedo permitírmelo!».

«Soy un perdedor. Si no lo hago mejor, acabaré siendo un maldito fracasado».

Algunos dirán que estos mensajes pueden espabilarnos. Hacer que rindamos más.

Creo que no, pero, a pesar de aceptar esa premisa, voy a repetir lo que le dije a Pablo en una de nuestras sesiones:

—No sé, querido. Si para conseguir tus objetivos tienes que hablarte de ese modo... quizá no merezca la pena lograrlos.

Muy poca gente es consciente de su diálogo interior. En las primeras sesiones, suelo preguntar a mis clientes sobre el tema y lo habitual es recibir como respuesta un «Pues no lo sé, no me he fijado».

También acostumbran a decirme una frase que siempre me hace reír: «¿Seguro que me hablo?». Me encanta.

Pues sí, seguro. Tú te hablas. Incluso te respondes.

Es más, no solo te hablas; también te planteas preguntas y buscas sus correspondientes respuestas. A veces te animas y te halagas. Otras, te atacas y te humillas. Pasan un montón de cosas en tu cabeza, más de las que crees.

Cuando Rafa Nadal consigue un punto ganador y grita «¡Vamos!», se lo está diciendo a sí mismo. Se felicita y se anima a la vez.

Cuando el entrenador de fútbol Marcelino García Toral dirigía al Valencia y, en plena mala racha, declaró «Somos más malos que mi puta madre», no solo se lo decía a los jugadores. También a sí mismo.

Me entenderás si lees la biografía del tenista Andre Agassi, *Open: memorias*. Es increíble ver cómo, con el paso de los años, va cambiando su diálogo interior. Y cómo encaja con los buenos y los malos momentos. Pero en este caso hay que preguntarse qué fue antes, si el huevo o la gallina. Si llegaron malos momentos porque había un mal diálogo interior o si los malos momentos provocaron ese mal diálogo interior.

Lo primero es que descubras cómo te hablas.

Ahora ya lo sabes, no tienes excusa. Las próximas semanas fíjate. Anota en un cuaderno algunas de tus conversaciones interiores, analízalas y pregúntate qué es necesario corregir y mejorar. No las juzgues, solo analízalas. Limítate a observarlas y anotarlas.

Quizá al final todo cuadre.

A los dieciséis años empecé a trabajar para un irlandés de pura cepa. Sam. Una de las personas que más me ha influido en la vida ya que sus enseñanzas me han acompañado en todos los momentos difíciles. Y aún siguen conmigo.

Trabajábamos en los yates amarrados en el puerto de Palma de Mallorca. Nos dedicábamos a instalar y reparar aparatos de aire acondicionado y otros sistemas parecidos.

Recuerdo en especial un día. Estábamos en un descanso. Cada uno sentado en un noray del puerto. Sam bebía té y fumaba. Yo, que me encontraba triste por una historia con una chiquilla, miraba el fondo del mar, melancólico, sin hacer nada.

Sam me preguntó si me pasaba algo. Le dije que no. Me respondió: «No pienses ni por un segundo que te lo voy a preguntar dos veces». Él era así. No le gustaba el teatro. Entonces se lo conté.

Durante el transcurso de la conversación, le dije: «Nunca encontraré al amor de mi vida. No soy tan bueno como para que alguien que valga la pena se fije en mí».

Sam dio tal calada a su cigarrillo Camel que casi se lo tragó. Sacó el humo y me dijo: «Si te hablas como si fueras un perdedor, lo serás toda la vida. El mundo está lleno de gente que te hablará mal. No necesita tu ayuda. No me das pena. Tengo ganas de darte un puñetazo. Si no cuentas contigo, no tienes nada que hacer. Estás jodido. Y si no cuentas contigo, no cuentas para nada ni para nadie. No vuelvas a hablarte así jamás. Ponte en primer lugar. La vida es una lucha contra uno mismo. Más te vale ganarla si no quieres hundirte. Si no te tienes, no tienes nada. ¿Me has entendido?».

Vaya si lo entendí. Y para siempre.

Lo comprendí tan bien que se lo prometí: «No volveré a hablarme mal, Sam. Te lo prometo». Se lo dije a él, pero también a mí.

Pasé años autocorrigiéndome. Hice un esfuerzo enorme. Me vigilaba. No me dejaba pasar ni una.

En cuanto me daba cuenta de que me estaba hablando mal, intentaba transformar ese diálogo interior negativo en otro positivo.

Poco a poco se fue asentando esa nueva forma de tratarme. Llegó un momento en el que casi nunca tenía que corregirme. Hoy, y desde hace mucho, me hablo con cariño. Siempre me trato con respeto. Soy mi mejor aliado. Puedo contar conmigo y me lo demuestro cada día.

La cuestión y la gracia de este asunto es que, desde esos tiernos dieciséis años hasta hoy, me ha pasado de todo. Y no siempre ha sido bueno. Puede que hayan sido más los episodios negativos que los positivos. Pero nunca he dejado de hablarme bien. Por mal que todo se pusiese y por mucho que la pifiase, siempre he mantenido un buen diálogo interior.

Eso marcó la diferencia. Es lo que me ha salvado el pellejo una y otra vez.

Una vez mejores tu diálogo interior podrás comenzar a conocerte de verdad. A comprenderte y a entender muchas de las cosas que te pasan.

Próximo capítulo: el autoconocimiento.

Sigamos.

Autoconocimiento

Siempre digo que quien no se conoce, nada entiende. Y quien nada entiende, nada sabe.

El autoconocimiento es una de las herramientas más poderosas, quizá la más importante. No sé si llamarlo «herramienta» o «habilidad». Digamos que es una mezcla de ambas.

Puedes entrenar esta habilidad, mejorarla y usarla como herramienta para la vida.

Si no te conoces no puedes llegar a ser feliz. Así de claro.

Si sabes cómo eres, entenderás tus reacciones y podrás, por ejemplo, no tomarte demasiado en serio, algo que resulta muy sano para el alma. Podrás empezar a dominar o controlar tus emociones y ya no dirás nunca más frases como «No sé lo que me pasa» o «No entiendo por qué estoy así».

Conocerse tiene muchísimas consecuencias positivas. Cuando empieces a conseguirlo, vivirás de forma distinta (y mejor). Comenzarás a entender por qué te afectan ciertas situaciones, por qué unas te alegran y otras te hacen enfadar, por qué hay personas que te caen mal y otras que te atraen de forma natural.

De este modo, cuanto más te conozcas, más coherente podrás ser y más sentido tendrá tu vida. Te vendrán a la cabeza pensamientos como «Me conozco, sé que no me gustará esa fiesta» o «Me conozco, estaré triste una temporada, pero pronto empezaré a verlo todo más claro. Solo necesito tiempo».

Conocerse es un trabajo para toda la vida pero que ofrece beneficios desde el minuto uno. Cuanto más te conozcas mejor te irán las cosas. Te lo prometo.

Te propongo un ejercicio que suelo usar en mis sesiones. Contesta de forma sincera estas dos preguntas:

1. Piensa en la persona que conozcas más profundamente en el mundo. Aquella que con solo mirarla ya sabes cómo se siente o qué le pasa. Del uno al diez, ¿cuánto crees conocerla?
2. Del uno al diez, ¿cuánto te conoces a ti mismo?

A la primera pregunta, mis clientes suelen ponerse un 9 o un 10. A la segunda, entre un 3 y un 5. Y esto no debería ser así.

Ten esto en cuenta: la persona que más conozcas en tu vida debes ser tú. Fin.

Atrévete a iniciar tu camino hacia el autoconocimiento. Un camino que forma parte del viaje hacia la felicidad.

No será fácil, ni mucho menos. Pero no te imaginas cuánto vale la pena.

Aristóteles, uno de los mayores y más influyentes filósofos de la historia, decía hace más de dos mil trescientos años: «Conocerse es el principio de toda sabiduría». Hoy, después de más de dos milenios, seguimos hablando de ello.

Era Krishnamurti, filósofo y autor de la obra maestra *La libertad primera y última*, quien decía que «la verdadera sabiduría nos llega a través del autoconocimiento». Conociendo cada pensamiento, cada sentimiento, cada reacción.

El autoconocimiento es innegociable. Demasiadas decisiones importantes de la vida dependen de tu nivel de autoconocimiento.

¿Cómo puedes elegir pareja si no te conoces?

¿Cómo sabrás qué profesión te gustaría ejercer?

¿Cómo te darás cuenta de dónde quieres vivir?

Por ejemplo, en mi caso, me conozco tan bien que sé que no podría vivir en una comunidad de vecinos. Tampoco en una ciudad grande. También sé que mi trabajo ha de ser creativo y que no puedo tener jefe.

Sé hacia dónde debo ir y, sobre todo, hacia dónde es mejor no ir.

¿Ves la importancia?

¿Más ejemplos? Claro.

Me conozco tan bien que sé que no puedo estar mucho rato con personas histriónicas o ruidosas. Sé que detesto las aglomeraciones. Sé que suelo necesitar tiempo a solas y en silencio. Sé que el dinero no me mueve. Sé que pasear calma mi mente y aumenta mi creatividad. Y sé, por ejemplo, que necesito escuchar música a diario.

Imagínate lo mucho que tengo esto presente a la hora de configurar mi día a día. Mi vida.

Sin autoconocimiento, tu vida ideal no puede llegar. Es imposible.

El autoconocimiento depende de la cantidad y calidad de las preguntas que uno se atreve a hacerse.

Recuerda que es una habilidad, por lo tanto, es normal que al principio las preguntas sean vagas y de poca relevancia. No te presiones. Acepta que eres un novato y que estás aprendiendo.

Compensa tu falta de práctica y de pericia con una alta dosis de valentía.

Atrévete a hacerte preguntas difíciles, que sepas de antemano que no sabrás contestar.

A mis clientes suelo mandarles un ejercicio escrito que funciona muy bien para esto último. Te explico:

Coge bolígrafo y papel. Piensa en la pregunta que te encantaría poder responder. Escríbela al principio de la hoja. Acto seguido respóndela. Hazlo aunque sea a base de hipótesis, suposiciones o teorías. Sin censura ni vergüenza. Escribe y ya está. Alucinarás con lo que eres capaz de hacer.

Si eres valiente y osado con las preguntas que te haces, tu mente querrá responderlas. Entonces pondrá «en marcha la máquina» para ofrecerte respuestas.

Recuerda: una mente que no da respuestas es una mente que no recibe preguntas.

Ahora que ya tienes las herramientas del diálogo interior y el autoconocimiento, puedes empezar a plantearte qué quieres que sea lo más importante en tu vida a partir de ahora.

Qué quieres que te guíe. Que te oriente. Que aporte sentido y significado a tus acciones y decisiones.

Me estoy refiriendo a los valores y principios.

Y conviene establecerlos desde hoy.

Valores y principios

Estoy convencido de que muchas veces te preguntas: ¿hacia dónde voy? ¿Qué quiero en la vida? ¿Qué hago aquí? ¿Qué se supone que debo hacer? ¿Cómo tengo que enfocar mi vida? ¿Cómo puedo elegir mis objetivos y metas? ¿Qué decisiones debo tomar?

Estas cuestiones se responden con otra pregunta: ¿qué es lo más importante para ti?

¿Te lo has preguntado alguna vez?

En los valores está la respuesta. Y gracias a ellos, poco a poco y según tu edad, tus aciertos, errores y experiencias vitales, irás forjando tus principios.

Pregunta a diez personas (o a cien) cuáles son sus cinco valores principales. Si te dan dos respuestas completas, cuando nos veamos te invito a una cerveza.

Casi todo el mundo cree que tiene un sistema de valores. Y es así. Sin darnos cuenta, muchas veces seguimos una serie de valores. Algunos son positivos, pero otros... no tanto. Los llamo los antivalores.

Aparecen cuando no te das cuenta de que tu vida está dominada por valores negativos como el egoísmo, el rencor, la envidia, el perfeccionismo o el pesimismo. Por poner algunos ejemplos.

Soy el primero que vivió muchos años bajo la influencia de estos antivalores.

El egocentrismo, el rencor, el hedonismo, la competitividad y la rabia guiaban mi vida.

Si echo la vista atrás, incluso puedo identificar los principios que reforzaron dichos valores. Por mi cabeza pasaban frases como las siguientes:

«No se puede ser bondadoso en un mundo tan podrido».

«Sé a quién quiero y a quién odio. Y está bien así».

«Ya quisieran ellos tener mi ego».

«*Carpe diem*, tío. Mañana, ya veremos».

«Si no quieres que te machaquen... golpea tú primero».

«La venganza equilibra la fuerza de la injusticia».

Te guste o no, seas o no consciente, vives bajo un sistema de valores y principios.

Por tanto, te conviene analizarlo en profundidad.

Primero verás cómo se descubren y ordenan los valores. A continuación, entenderás y aprenderás a desarrollar tu propio sistema de principios.

Es más sencillo de lo que parece.

Si este libro te ayuda a definir claramente tu escala de valores, el esfuerzo habrá valido la pena, tanto por tu parte como por la mía.

Al empezar, todos mis clientes hacen un ejercicio que les permite descubrir y elegir sus valores. No hay otra forma mejor de escoger lo que quieres que guíe tu vida.

Vivir sin valores es como conducir sin volante.

En una recta fácil, apenas se nota.

Pero cuando vienen curvas, la hostia está asegurada.

Es uno de los aspectos más importantes de la vida. Trascendental.

Cuando empiezas a vivir según unos valores elegidos libre y conscientemente, la vida toma sentido. Las acciones están cada vez más claras. Sabes qué has de hacer y qué debes evitar. Tus decisiones son más acertadas y coherentes.

Comprendes hacia dónde tienes que ir porque tu guía es inmejorable. Es como si tu yo del futuro te estuviese indicando qué camino debes coger.

Esta es la mejor inversión que puedes hacer en la vida.

A partir de aquí, todo mejora.

Porque la paz de espíritu está asegurada. Por encima de los resultados.

Recuerdo la primera vez que un cliente me contrató para elaborar su escala de valores. «Estoy perdido. Te he oído hablar muchas veces sobre los valores. Creo que es justo lo que necesito. Pero no sé por dónde empezar».

¿Cómo descubrir y elaborar tu escala de valores? Atento, esto es importantísimo.

Coge papel y bolígrafo. Colócalo apaisado y anota todo lo que es importante para ti. Por ejemplo, la amistad, el amor, la bondad, la justicia, el ocio, la riqueza, el éxito, la aventura, viajar, la fe, la política, la estética, el deporte, la salud, el fútbol, la petanca, el ganchillo, la cocina casera del sur de Polonia, los gatos con rayas en la espalda, etc. Da igual lo que sea. No lo ordenes, nos ocuparemos de eso más tarde. Llena toda la página. Esparce la información. Debería haber, al menos, unos veinte valores.

Sé sincero. No tiene sentido que escribas una lista de valores «bonitos». No la presentaremos a ningún concurso. Esta es la pregunta que debes plantearte en todo momento: «¿Qué es lo más importante para mí?» o «¿Qué quiero que sea lo más importante para mí?».

El siguiente paso es buscar los cinco valores más significativos.

Los más destacados para ti. No se trata de eliminar ninguno, sino de encontrar los cinco vitales. Los imprescindibles.

Este paso puede llevarte más tiempo. Lo ideal es que lo hagas durante una semana. A medida que pasen los días lo verás más claro.

Por último, enuméralos según su importancia. Su prioridad. Es crucial. Hay que hacerlo sí o sí.

¿Por qué?

Porque las decisiones más difíciles de la vida aparecen cuando dos valores importantes entran en conflicto.

Por ejemplo, cuando tienes que decidir entre amor o amistad. Entre tiempo libre o dinero. Entre paz interior o placer. Entre familia o pareja. Entre éxito o moral. Entre un trabajo u otro, o vivir en una ciudad u otra. Ni más ni menos.

Miguel me pidió ayuda para tomar una de estas difíciles decisiones. Se había enamorado de la ex de su mejor amigo. No quería poner en riesgo la amistad, pero tampoco perder la oportunidad de estar con esa chica que, además, le correspondía.

Sin explicarle el motivo, le pedí que hiciese el ejercicio de los valores. El amor romántico estaba en el tercer lugar y la amistad, en el quinto. Ambos estuvimos de acuerdo en que debían empezar a salir. También le sugerí que antes le explicase la situación a su amigo.

Este no se lo tomó bien. Como es normal, a Miguel le dolió, pero siguió su camino y comenzó la relación. Lo dejaron dos meses después.

Le pregunté a Miguel cómo se sentía. Me dijo que estaba dolido, pero en paz porque había luchado por lo que le importaba. Por aquello que consideraba más vital para su vida.

Miguel se quedó sin novia y sin amigo. *A priori*, el peor resultado posible. Sin embargo, había ganado algo mucho más grande:

había comprendido la importancia de vivir según unos valores elegidos libremente. Pese a la derrota, experimentó la paz interior que siente un ser humano cuando vive por y para algo.

Había perdido. Pero llevaba cara de ganador.

El caso de Patricia se parecía al de Miguel. Eran calcados. Se enamoró del ex de su mejor amiga. De su amiga de toda la vida.

Hicimos el ejercicio de los valores y, en su caso, el amor romántico estaba en el primer lugar. La amistad, en el segundo. Juntos, pero uno por delante del otro.

Empezó la relación y perdió la amistad. Al año, la relación se truncó. Cuando volvimos a hablar, la cara de Patricia no se parecía a la de Miguel. No se sentía ganadora.

«Creo que mi escala de valores estaba mal», dijo. No fue por el resultado. Su relación no había sido mala. Fue ella la que la rompió por incompatibilidades en los planes de futuro. Y habían terminado como buenos amigos.

—No ha valido la pena, Joan. La amistad que tenía con María era mejor que lo que he vivido —me contaba.

Le expliqué que la primera escala de valores siempre suele ser teórica, aunque necesaria. Que el tiempo, la experiencia y las vivencias terminaban de darle forma.

—Ahora ya has visto que quizá debas poner la amistad por delante del amor romántico —le expliqué.

—¿No tiene que ser siempre la misma escala de valores? —preguntó.

Me puse a reír y le dije:

—¡Qué mala señal sería esa! ¡Significaría que no has vivido lo suficiente! Tranquila, nadie acierta nunca a la primera.

Pese a todo, Patricia sonrió aliviada. Mantuvo sus cinco valores principales, pero modificó el orden. Retomó la relación con María y siguió siendo amiga de su ex.

El tiempo y la vida dirán si su escala es correcta. Quizá sí, quizá no. La única forma de saberlo es averiguándolo. Viviéndolo.

Vivir bajo unos valores no es para pusilánimes.

Hace falta... «valor».

¿Y los principios? De forma simplificada: son una serie de normas o reglas prácticas que emanan de nuestros valores y que, al mismo tiempo, los refuerzan.

Aunque no me gusta revelar mi escala de valores para no influir en la de los demás, te pondré algunos ejemplos de mis principios. Así verás qué valores siguen y refuerzan. Prefiero explicártelo con casos reales que con teorías.

Mis principios aparecen a raíz de la experiencia vital. De los errores y aciertos. Se podría decir que los valores se eligen un día (aunque se vayan revisando) y los principios surgen a lo largo del camino.

Uno de mis principios vitales es el siguiente: «Hay que hacer lo que hay que hacer, me guste o no». Refuerza uno de mis mayores valores, la fortaleza. Indirectamente, aviva otros importantes para mí, como la disciplina y la determinación.

Otro: «Puedo cambiar de opinión siempre que lo sienta así». Este refuerza el valor de la libertad, del desapego.

Por último, uno de los principios que más me han ayudado: «Confía siempre en la bondad, hasta el final, aunque a veces parezca que no sirve de mucho». Por supuesto, refuerza el valor de la bondad.

Cuando la pifies, intenta extraer un principio para no volver a equivocarte en eso.

Cuando aciertes, extrae un principio que refuerce esa actitud.

Como siempre digo:

«Haz mucho de lo bueno.
Poco de lo malo.
Y saca algo bueno de lo malo».

Pese a lo dicho, hay también un lado oscuro: los valores pueden ejercerse de forma errónea.

Casi cualquier valor (creo que a excepción de la bondad) puede pervertirse y joderte la vida. Así de claro te lo digo.

Encontramos un ejemplo perfecto en la brutal película *El irlandés*, protagonizada por Robert de Niro. Su personaje, Frank, ingresa en la mafia gracias a que muestra una lealtad y una fidelidad absolutas a la jerarquía de su clan. Su error es ser más fiel y leal a la mafia que a su familia, y esta acaba dándole la espalda. Al final, mientras busca su paz de espíritu, intenta hacer las paces con su hija, pero esta lo rechaza. Frank acaba muriendo solo en un hogar para ancianos. ¿Puede acabar peor la vida de un hombre?

En contraste con este filme, y como ejemplo del hecho de seguir unos valores altísimos incluso por encima de tu propio interés, nos encontramos con el protagonista de mi película favorita: *El curioso caso de Benjamin Button*. En ella, Benjamin nace anciano y, a medida que pasan los años, va rejuveneciendo. Hacia el final vemos que Benjamin disfruta de su mujer y de su hija de apenas un año. Es el clímax de su existencia. Por fin puede estar con la mujer que siempre ha amado, Daisy, y tienen una preciosa niña. Sin embargo, él sabe que pronto se convertirá en una carga. «Ella necesita un padre, no un compañero de juegos», le dice a su mujer. Un día, para que ellas puedan tener una vida, se marcha.

Recuerdo que la primera vez que vi esta escena en el cine, me sobrecogió. Me parecía un alarde de amor y generosidad que trascendía a la persona que lo ejercía.

Qué bonito sería vivir siguiendo unos bonitos valores, ejerciéndolos de una bonita forma sobre bonitas personas por unos motivos bonitos.

¿No te gustaría vivir así?

Los peores momentos de mi vida fueron aquellos en los que no tenía una escala de valores bien definida o, si la tenía, la traicionaba.

Confía en tus valores. Y dignifícalos con respeto, trabajo, disciplina y rectitud.

Vale la pena. Punto. Puedes creerme.

Tengo que ser muy honesto contigo. Vivir bajo valores y principios no te garantiza el éxito en todo aquello que te propongas. Sin embargo, sí te asegura no perder jamás tu paz interior. Y una cosa más te diré: una persona puede vivir con un fracaso pero no puede vivir sin paz interior, al menos no plenamente.

Te contaré algo que no mucha gente sabe: sufrí insomnio la mitad de mi existencia, pero empecé a dormir como un bebé cuando alcancé una vida con sentido, significado y dirección. Pese a todo y a todos.

Una persona descansa sobre sus valores después de haber galopado fuerte sobre sus principios.

Si vives la vida sin pensar en tus valores ni desarrollar unos principios fuertes y propicios, tu conciencia te machacará. Tarde o temprano.

«Ojalá alguien me dijese lo que tengo que hacer...». Seguro que has pensado algo así alguna vez en la vida.

En algún momento, todos nos hemos visto en un atolladero. En un cruce de caminos donde cualquier opción tenía mala pinta.

¿Quién no ha mirado al cielo y ha gritado «¡Dios, dime qué tengo que hacer!»?

La vida no es tan difícil como piensas, pero tampoco tan fácil como te gustaría. Cuando se complica, decidir es clave. Y seguro que más de una vez habrías pagado por tener una guía que te ayudara a decidir.

Buenas noticias: no hay que pagar nada. Esa guía son tus valores.

Elígelos bien y confía en ellos. No te fallarán.

No sigas leyendo si no has hecho el ejercicio sobre los valores. Puede cambiarte la vida. Como a mí, como a muchos de mis clientes durante todos estos años.

Veamos ahora un tema esencial para la vida de cualquier persona: la autoconfianza o la autoestima.

Te adelanto esto: si no te amas y no confías en ti es imposible que llegues a ser feliz algún día. Punto.

Adelante.

Autoconfianza y autoestima

¿Por qué estos dos términos aparecen en el mismo capítulo? Fácil, porque para mí, a efectos prácticos, son sinónimos.

El doctor Russ Harris, médico de familia, defiende esta idea en su maravillosa obra *Cuestión de confianza*.

No hay persona que confíe en sí misma y que, al mismo tiempo, no se ame.

Y no hay quien se ame, pero no confíe en sí mismo.

La autoconfianza rehabilita la autoestima y se retroalimentan mutuamente. Están tan unidas que no merece la pena hacer distinción entre ellas.

Sería muy interesante que ahora cogieses un papel y escribieses en grande la fecha de hoy y las palabras «autoestima» y «autoconfianza». Debajo, califícate del cero al diez, teniendo en cuenta que cero es «No me quiero ni confío en mí» y diez, «Me quiero y confío en mí». Si no te queda claro, espera a leer todo el capítulo y deja el ejercicio para el final.

Ahora coge ese papel y ponlo en un lugar que veas a diario con frecuencia. Dentro de un tiempo, vuelve a examinarte y califícate de nuevo. Si este libro te ha servido de algo y has trabajado los principios que incluye, tu nota debería subir. Seguro.

Sigue haciéndolo a lo largo de los años hasta que puedas ponerte un excelente. Como dijo el inventor de la escala de temperatura

Kelvin, William Thomson: «Lo que no se define no se puede medir. Lo que no se mide, no se puede mejorar. Lo que no se mejora, se degrada siempre».

No es fácil establecer cómo se mejora la autoestima. Al fin y al cabo, nunca es fácil definir las cuestiones relacionadas con el amor.

Sin embargo, si intentas responder a la cuestión «¿Cómo puedo confiar más en mí?», las respuestas parecen aclararse.

Si se lo preguntaran a mi abuela —que jamás se andaba con tonterías—, respondería: «Pues demostrándotelo. ¿Cómo, si no?».

Y ahí está la clave: la autoconfianza es una cosa que se trabaja. Que se puede demostrar.

Si me preguntan si confío en mí, no responderé de forma metafísica. Relataré una serie de hechos objetivos que indican y me demuestran que puedo confiar en mí. Que me lo he ganado.

La autosugestión y el autoconvencimiento no funcionan aquí. Me explico, si alguien me dijese: «Tienes que confiar en ti, Joan, debes quererte más», y no tuviese nada en lo que apoyar mi respuesta, me vería abocado a decir: «Pero ¿cómo voy a confiar en mí si llevo fallándome toda la vida? ¡Me estaría engañando!».

No puede haber espacio para la duda.

Tienes que triturar la línea que separa la desconfianza de la autoconfianza.

Brad Pitt, en la película *El árbol de la vida*, dice: «Uno se hace a sí mismo». A eso me refiero.

Responde a la gran pregunta: ¿Tu nivel de autoconfianza responde a tus actos? ¿Para bien o para mal? Medita la respuesta.

Pensarás: «Pero si no creo en mí, ¿cómo voy a empezar a ganarme esa confianza?».

Sucedía lo mismo cuando, de joven, entrabas en el mercado laboral. Te encontrabas con muchas ofertas de trabajo que te pedían experiencia. Y te quejabas: «¿Cómo voy a demostrar experiencia si no me dejan adquirirla?». Pensabas que, si te dejaban conseguir tu primer trabajo, podrías mostrar tu buen hacer. Pero la clave era esa, comenzar. Incluso sin experiencia.

Con la autoconfianza funciona igual. Se trata de empezar. Pese al miedo. A pesar de tu propia y demostrada autodesconfianza. Pese a tu torpeza. A pesar de tu inseguridad.

De nuevo el doctor Harris lo explica de forma magistral: «Primero son los actos de confianza y después los sentimientos de confianza». No puedo estar más de acuerdo.

Hay que empezar. Estés preparado o no.

Hay que superar la posibilidad del fracaso y los errores.

La probabilidad de las críticas a tu alrededor.

La fragilidad de tus tiernas habilidades y desempeño.

Ojalá hubiese otra manera. Más fácil. Pero no la hay.

A fin de cuentas, sabes que las mayores recompensas de la vida llegan tras dar a cambio algo grande.

Tenlo claro. Si quieres algo, debes dejar algo a cambio.

Si quieres un brik de leche, tienes que pagar un euro.

Si deseas adelgazar, debes hacer ejercicio y comer más sano.

Si quieres irte de viaje, tienes que ahorrar.

Si sueñas con escribir un libro, has de dedicarle tiempo y esfuerzo.

Y si deseas confiar en ti, empieza a actuar y demuéstratelo. Estés en el punto en el que estés. Fin.

Hace un tiempo estaba haciendo un dibujo en la mesa del comedor de casa. Mis hijos se acercaron y me pidieron que les dibujase algo.

Cleo, la pequeña, me pidió que le pintase su peluche favorito.

Christian, el mayor, un dibujo de Carlitos Brown.

Cleo se marchó contenta con su ilustración, pero Christian se quedó conmigo en la mesa. Cogió un papel e intentó copiar mi dibujo.

No le salió muy bien, se frustró y lo rompió.

Le dije que estaba muy orgulloso de él por haberlo intentado. Por haberse atrevido. Pero que si quería, en un ratito, aprendería a hacerlo mejor. Aceptó el reto. Cogí cinco folios y los dividí en cuatro partes iguales para conseguir un total de veinte. Las enumeré y le pedí que las rellenara con el mismo dibujo sin preocuparse por si le salía bien o no. Solo tenía que llenar las veinte partes.

Al cabo de un rato, había terminado. Coloqué los folios en orden y los dispuse encima de la mesa. Claramente, el dibujo mejoraba de uno a otro. Sin darle instrucciones ni trucos. El Carlitos número siete era mejor que el dos. El trece, mucho mejor que el siete. Y el veinte, infinitamente mejor que el uno.

Algunas cosas no se pueden enseñar. Pero se pueden aprender... con la práctica. Solo hay que empezar. Atreverse.

La confianza que se adquiere con la práctica es inigualable.

Superior a la que da el talento.

No importa lo mal que se te dé algo. Con la valentía primero y la práctica después, todo mejora. Como digo siempre: «Todo es "entrenable" y, por lo tanto, mejorable».

Primero te atreves a empezar. Luego haces. Después analizas. Acto seguido corriges y al final vuelves a hacer.

Mientras, tu confianza crece. De una forma maravillosa e inevitable.

Domingo es uno de esos clientes que te marcan, una de mis historias favoritas como mentor. Es un joven muy agradable, educado y simpático, de esos que, cuando los conoces, piensas: «A este lo ayudaré como que me llamo Joan Gallardo».

Se lamentaba de su poca autoestima pero, como siempre en estos casos, venía de la mano de una bajísima autoconfianza.

La falta de seguridad en sí mismo había estrechado y empequeñecido tantas áreas de su vida que lo había convertido en alguien diminuto. Todo se le hacía un mundo. Lo paralizaba el miedo a actuar y fallar. Llegó a no presentarse a entrevistas de trabajo por creer que no daba la talla. Se estaba perdiendo la vida por falta de autoconfianza.

Le dije que no íbamos a arreglarlo con palabras, sino con hechos. Cada semana, de forma gradual, le proponía una serie de «hitos», como me gusta llamar a estas acciones. A veces le pedía que saliera solo y se sentara en la terraza de un bar a tomar café y leer un libro. Otras, que fuese a comprar y que, sin necesitar nada concreto, le preguntara a la dependienta por algo. Ambas acciones, normales para la mayoría, le provocaban un estrés brutal. Pero Domingo lo hacía. Sufría, pero lo hacía.

Y después se sentía mejor.

Estuvimos meses así. Cada vez le pedía algo un poco más complicado que la vez anterior.

Un día recibió una oferta de trabajo. Había doce candidatos a los que querían entrevistar. Le dije que fuese sí o sí. Aunque al final no le diesen el puesto. Era su gran prueba.

Cuando salió de la entrevista me llamó para contarme que le habían dado el puesto. Fue increíble. Me sentí muy orgulloso de él. En una de nuestras últimas sesiones le pedí que recapitulara. Que analizase todo lo que había conseguido durante esos meses. Escribió una lista enorme. Cada vez que leía uno de sus hitos, su voz se reafirmaba y erguía la postura.

«No me creo todo lo que hemos conseguido», me decía. Yo sí,

confiaba en él. Eso también marcó la diferencia. Contar con una persona que te diga que confía en ti.

¿Tienes a alguien cerca que confíe al cien por cien en tu potencial? ¿O tienes justo lo contrario?

Rodéate solo de personas que confíen en ti.

Confía tú también en tu gente.

La autoestima y la autoconfianza no aparecerán sin tu esfuerzo, sin tus actos.

Tienes que ganártelas. Una y otra vez.

Sé que te asusta pensar en todo lo que tendrías que hacer, pero eso tampoco es excusa.

El miedo está permitido. La cobardía no.

Es mejor decir «Tenía miedo, pero lo hice» que «No lo hice porque tenía miedo».

Adoro la película de Pixar *Buscando a Nemo*. Cada vez que la veo aprendo algo nuevo. Bueno. Maravilloso. Nunca sabemos dónde podemos encontrar grandes lecciones para la vida.

Hacia el final, al padre de Nemo, Marlin (un pez payaso, por si no la has visto), y a su compañera de aventuras, Dory (un pez cirujano), los atrapa una ballena y quedan encerrados en su boca. Dory dice que habla «balleno» y decide comunicarse con ella. Comienzan a conversar y la ballena le pide a Dory que vayan a la parte de atrás de la boca. Esta acepta, pero Marlin, alarmado, se niega. Cree que se los quiere tragar. De repente, con un golpe de lengua, los lanza hacia la garganta, pero ellos se sujetan a duras penas, evitando ser tragados del todo. La ballena, en «balleno», les pide que se suelten. Dory lo hace, pero Marlin la coge en el último segundo. Y aquí viene lo mejor de la escena. Dory le dice a Marlin: «Todo va a salir bien». Él le responde: «¿Cómo lo sabes? ¿Cómo sabes que no nos ocurrirá nada malo?». Ella, finalmente, contesta: «¡No lo sé!». Y se sueltan. Confían.

Dory cree en ella misma. Y le da una lección maravillosa a Marlin. Le obliga a confiar en ella, en él, en la ballena... y en la vida.

Marlin, cuyo principal error como padre es no confiar en su hijo, aprende una enorme lección.

En el fondo, Dory no podía saber si todo iba a salir bien. No sabemos con seguridad lo que nos espera. La autoconfianza no puede basarse en el optimismo. La vida, si es algo, es pura incertidumbre. Pero justo por eso necesitas confiar en ti.

Porque es lo mejor que puedes hacer por tu vida y la de los tuyos.

Muchas veces me han dicho: «Claro que confías en ti con lo fuerte que eres».

Pues tienes que saber que funciona justo al revés.

No confío en mí porque sea fuerte, soy fuerte porque confío en mí.

Empieza a hacer lo que hay que hacer una y otra vez, y tarde o temprano confiarás en ti.

Y te amarás.

Y te sentirás fuerte.

Vamos, en el fondo no es tan complicado:

¿Mañana te llaman para una entrevista de trabajo y crees que no estás preparado? ¡VE!

¿Te gusta un chico y quieres pedirle una cita pero te da miedo que te rechace? ¡AVERÍGUALO!

¿Piensas que tu jefe es injusto contigo, pero no quieres perder tu trabajo? ¡HABLA CON ÉL! ¡NO PUEDES SEGUIR ASÍ!

¿Qué temes? ¿Qué es lo peor que puede pasar? Y si pasa, ¿qué? No será el fin del mundo, ¡seguro!

Recuerda lo que decía el doctor Harris: «Primero son los actos de confianza y después los sentimientos de confianza». Solo tienes que empezar.

¿Por dónde? Te ofrezco un ejercicio que he hecho cientos de veces con mis clientes.

Coge papel y bolígrafo. Escribe una lista de al menos cinco acciones que no hagas por falta de confianza, por miedo. Han de ser importantes para ti, tienes que pensar que tu vida mejoraría si las hicieras. Por ejemplo, a mí me daría pánico hacer puenting, pero no me apetece, no aportaría nada a mi vida. No me refiero a ese tipo de cosas.

Cuando la tengas, clasifica estas acciones según su dificultad, es decir, de menos a más difíciles. Comprométete a hacer una cada semana, empezando por la más fácil. Tienes que hacerlas todas. Quítatelas de encima.

Cuando acabes con esta lista, habrás subido muchos peldaños con respecto a tu autoestima y autoconfianza.

Espero que tengas ganas de ponerte manos a la obra. Te prometo que no te arrepentirás.

Antes de seguir, creo que debemos repasar dos conceptos prácticos que son esenciales para tu desarrollo y crecimiento personal: la retrospección y la introspección.

Dos auténticos salvavidas.

Retrospección

¿Qué es la retrospección?

La retrospección es mirar hacia el pasado. Analizarlo. Reflexionar sobre él. Repasar momentos, etapas o situaciones vividas.

Es completar la narrativa de tu vida.

Es la mejor manera de observar tus errores para no reproducirlos en el futuro.

Y también es la mejor manera de observar tus aciertos para repetirlos en el futuro.

Lo hago cada día de mi vida. Busco información útil en el pasado. Aunque sea de noche, analizando el día que termina.

Para ello, deberás tener una actitud humilde y crítica. Observar sin juzgar, de una forma casi externa y objetiva.

Casi todo el mundo ha vivido lo necesario como para ser más sabio, pero no lo logra por falta de retrospección. Debes integrar las vivencias si quieres llamarlas «experiencia».

Aquí tienes una lista de preguntas que puedes plantearte durante la retrospección. Quizá te apetezca responder algunas:

- ¿Qué hice mal?
- ¿Qué hice bien?

- ¿Por qué me salía todo bien en aquel momento?
- ¿Por qué me iba todo mal en aquella época?
- ¿Cuál fue mi parte de culpa?
- ¿Qué parte de mérito tuve?
- ¿Por qué pasó todo eso?
- ¿Por qué me comporté de aquella manera?
- ¿Qué parte de responsabilidad tuve en todo aquello?
- ¿Cómo podría haberlo hecho mejor?
- ¿Qué errores en los que he caído no puedo volver a cometer?
- ¿Qué aciertos quiero reforzar y repetir en el futuro?

La retrospección es una herramienta bestial, pero no es suficiente. Para completar tu autoconocimiento también necesitarás la introspección. Veamos en qué consiste.

Introspección

¿Qué es la introspección?

La introspección es mirar hacia dentro. Reflexionar sobre ti. Sobre tu conciencia. Sobre tu mente. No puedes conocerte del todo sin frecuentes sesiones de introspección. Y para que sea posible, deberás buscar momentos de silencio y soledad ya que es ahí donde resulta más efectiva.

Hay que tener una voluntad brutal para atreverse a mirar dentro de uno mismo. Puede llegar a ser abrumador.

Pero debes ir. No hay atajos. Es probable que el camino esté lleno de zarzas espinosas, pero si las hay es porque quizá lo tengas descuidado. Abandonado. Cuanto más vayas, más limpio y tranquilo estará.

Si hace mucho que no miras en tu interior, el precio que deberás pagar será una fuerte incomodidad. Y un montón de cosas que no quieres ver ni oír. Pero vale la pena. El retorno de esa inversión es enorme.

Como en el ejercicio de retrospección anterior, aquí te dejo una serie de preguntas que puedes plantearte durante la introspección y que quizá te interese responder:

- ¿Por qué me siento tan mal?
- ¿Por qué hoy estoy tranquilo?
- ¿Por qué ahora me noto tan contento?
- ¿Estoy cansado o desanimado?
- ¿Qué quiero en la vida?
- ¿Estoy satisfecho con todo lo que tengo?
- ¿Soy feliz?
- ¿Qué es lo más importante para mí?
- ¿Cuáles son mis valores? ¿Cuáles quiero que sean?
- ¿Creo en mí?
- ¿Qué me da miedo?

Después de entender los procesos de retrospección e introspección, ya puedes adentrarte en una de las áreas más delicadas de la vida: la culpabilidad. Y, por supuesto, en su antídoto: el autoperdón.

Culpabilidad y autoperdón

La culpabilidad es uno de los sentimientos más amargos y dolorosos que puede sentir una persona. Pocos lastran tanto el desarrollo normal de un ser humano.

Todos nos equivocamos en algún momento de la vida.

Todos hemos fallado a alguien.

Todos hemos hecho daño a alguien que no lo merecía.

Todos hemos decepcionado a gente a la que amamos.

Cuando sucede, no puedes sentirte peor. Te duele más que el daño que has provocado. Y también dura más. En muchas ocasiones, te sigue doliendo aunque la otra persona (a quien has hecho daño) ya lo haya superado.

Te sigue doliendo, aunque el otro te perdone.

Entonces ¿por qué continúa doliendo?

Porque aún te sientes culpable.

¿Y por qué?

Porque no te perdonas. Porque te falta el perdón más difícil: el autoperdón.

¿Te has sentido así alguna vez? Seguro que sí.

Piensa en ese episodio de tu vida por el que te sigues sintiendo culpable. El que aún no te has perdonado. Tenlo presente mientras lees este capítulo. Escríbelo en una nota. Si todo va como espero, cuando lo termines estarás preparado para empezar a superarlo.

Comencemos. En sí, la culpabilidad no tiene nada de malo. Es un sentimiento incluso bonito, noble. Humano. El problema llega cuando no sabes cómo liberarte de esa culpa. Cómo usarla. La culpabilidad solo se supera cuando obtenemos algo de ella, para bien. Para mejor.

Decía Rollo May que un alcohólico no tenía posibilidad alguna de liberarse de su alcoholismo a menos que un día se sintiera lo suficientemente culpable. Entonces buscaría ayuda, se esforzaría y, al final, tendría la posibilidad de ser libre de nuevo.

Bonito, ¿verdad?

Culpabilidad y libertad. En ese orden.

Y también mejoría.

Soy consciente de ello cuando uno de mis hijos le hace una trastada al otro y le ofende. Cuando este se da cuenta del dolor que acaba de provocar, al instante se le llena el alma de culpa. Pero también de pena.

Entonces pide perdón entre sollozos y se abrazan fuerte.

Cuando terminan, se portan mejor entre ellos.

Necesitamos sentirnos culpables.

Necesitas sentirte culpable cuando te equivocas. Cuando le haces daño a alguien y también cuando te lo haces a ti.

Pero no puedes sentirte siempre culpable por lo mismo.

Haz algo bonito con ello.

Algo mejor.

Así podrás liberarte de la culpabilidad. Y seguir adelante.

Recupera la nota en la que escribiste la situación por la que sigues sintiéndote culpable y responde: ¿qué crees que puedes empezar a hacer para estar mejor? Quizá no hayas pedido perdón a la persona implicada (si la había). Quizá puedes prometerte que no volverás a cometer un error como ese. Quizá puedas hablar con alguien sobre las consecuencias de cometer ese error. Piénsalo y, desde una nueva perspectiva, escribe y prueba un par de acciones para resarcirte. Es imposible que después no te sientas, como mínimo, un poco mejor.

Tendría catorce años. Comíamos en casa de mis abuelos. En la mesa estábamos mi hermano pequeño Mateo, de unos diez años, mi madre, mis abuelos y yo.

Antes de continuar con la historia debo admitir que tengo algunos problemas con la gente que no guarda los modales en la mesa. Sobre todo con los ruidos al comer. Ahora lo llevo mejor, pero a los catorce años no.

Mateo conocía ese dato.

Aquel día había sopa de fideos. Mi hermano se sentaba a mi izquierda. Le gustaba chincharme. Tocarme las pelotas, hablando claro. No nos llevábamos demasiado bien.

Cuando empezamos a comer, comenzó a sorber la sopa haciendo mucho ruido. A propósito. Le pedí que parara pero se puso a hacer aún más ruido.

Al cabo de un minuto, el ruido me parecía insoportable. Me giré hacia mi hermano y lo vi a diez centímetros de mi oreja con la boca abierta, llena de fideos que se le caían de la boca y le resbalaban por la barbilla.

Le solté un guantazo. No fue violento ni fuerte. Pero le di una palmada en la mejilla.

Siempre fui un chico ejemplar, pero aquel día perdí los estribos.

Mi madre se quedó en silencio con los ojos muy abiertos. Desencajada. Me miraba fijamente. Luego gritó: «¡Pero bueno!».

Mi abuelo, extremeño de pura cepa, soltó un: «¡Chacho! Eso no».

No me bajé del burro. Creía tener razón. Le echaba la culpa a él.

Estaba cabreadísimo. Me levanté de la mesa y me fui a la cocina. En un momento sucedió algo que lo cambió todo. Desde ahí, miré a mi hermano y lo vi llorar.

Mi abuelo le secaba las lágrimas con un pañuelo de tela que siempre llevaba encima. De repente, solo quería abrazarlo. Preguntarle si le había hecho daño.

No le dolía la cara sino el corazón. Ya en el coche, de vuelta a casa, le pedí perdón. No recuerdo si me castigaron. Tampoco era necesario. Jamás me había sentido tan mal.

A partir de ese día, no sé por qué, mi hermano y yo nos volvimos inseparables.

Me sentía en deuda con él. Le pedí perdón muchísimas veces. La última, yo tenía más de treinta años. Él siempre dice que ni se acuerda. Me sigo emocionando al recordar aquel día. Mientras escribo esto, me conmuevo otra vez.

Aunque me arrepiento de lo que hice, de no haber sentido esa culpabilidad y esa pena, no sé cómo habría sido la relación con mi hermano. Quizá hoy no nos hablaríamos. En cambio somos uña y carne. Lo adoro.

Y sé que en parte se debe a esa culpabilidad que sentí.

Pero la superé. Porque me redimí.

Hice algo bonito y mejor a raíz de ella.

Le pedí perdón y, con el tiempo, viendo todo lo bueno y lo bonito que había surgido de ahí, me perdoné.

Incluye siempre una acción positiva cuando quieras superar tu culpa. Gánate el derecho a perdonarte.

Diría que el 99 por ciento de mis clientes acuden a mí porque, de algún modo, se sienten culpables.

Porque siguen en un matrimonio que no les llena. Porque continúan con su pareja para no hacerle daño o porque tienen hijos en común y no quieren «destrozarles» la vida.

Se sienten culpables porque gastan más de lo que deben. Porque tienen demasiadas deudas. Porque no han conseguido libertad o seguridad financiera.

A otros les pesan situaciones que ya no tienen solución. Problemas del pasado que no pueden repararse.

Primero les digo que no deben odiar su culpabilidad.

En todo caso, tienen que darle las gracias.

Sin esa culpa, no buscarían ayuda.

Además, como decía el grupo de rock Placebo: «Un corazón que duele es un corazón que funciona».

Pero tienen razón al decir que el perdón no arreglará las consecuencias de sus errores. Si hago daño a alguien, por mal y culpable que me sienta, y por mucho que me perdone y pida perdón, no podré volver atrás en el tiempo. Ni eliminar ese instante.

El autoperdón no restituye nada. Solo libera. Limpia. Pero es que eso es mucho. Y es imprescindible para seguir adelante.

Muchas veces no te perdonas porque no te fías de ti. Porque crees que puedes volver a caer en lo mismo o porque te parece demasiado regalo para tanta falta.

«No merezco perdonarme». Lo escucho muchísimo en mis sesiones. También yo he dicho algo así cada vez que he hecho daño a alguien injustamente.

Pero en realidad puedes perdonarte. Puedes hacerte merecedor de ello.

Regálate primero ese voto de confianza. Después, dignifícalo.

Nunca olvidaré una de las pocas veces que he llorado en una de mis sesiones.

Javier traía una lista de todo lo que le hacía sentir mal. Culpable. Y eso que es una bellísima persona. Quizá sea otra de las cosas bonitas de esto: la culpabilidad honesta denota bondad. Si te sientes culpable por algo, ha de haber una moral de por medio. Un código ético. Un corazón defraudado por su portador.

En la lista, un punto destacaba por encima de los demás: «Haber insultado a mi madre». Terrible pero necesaria sinceridad.

La historia es especial porque la madre de Javier había fallecido tiempo atrás en una operación sin aparente riesgo. Por lo tanto no había forma de pedirle perdón. Esa culpabilidad era muy dolorosa. No se perdonaba haber sido cruel con ella en algunos momentos, pese a que objetivamente había sido un buen hijo.

Le propuse un ejercicio. Muy difícil. También muy bonito.

Le pedí que le escribiera una carta a su madre. En ella debía contarle todo lo que siempre le había querido decir respecto a los insultos y le pedí que incluyera todo lo que necesitase. Era una carta para pedir perdón y despedirse por última vez.

Cuando la tuvo, le invité a leerla en voz alta en una de nuestras sesiones y le dije que, al acabar, se deshiciese de ella. Para que pudiera seguir adelante. Para limpiarse. Para liberarse al fin.

Fue conmovedor. Lloramos los dos. Me quedé sin palabras y te prometo que eso no me pasa a menudo.

El autoperdón no necesita que se repare el daño causado. Si puede hacerse, bien. Mejor. Pero no es imprescindible.

Si no tienes forma humana de pedir perdón a alguien que heriste en el pasado, te presto el ejercicio que hice con Javier. Escribe una bonita carta dirigida a la persona implicada y léela en voz alta. Prepara un paquete de pañuelos, por si acaso. Ya me contarás.

«No, no me arrepiento de nada», cantaba Édith Piaf.

Pues yo sí me arrepiento de muchas de las cosas que he hecho. Sin embargo, no puedo desear cambiarlas. Todas han sido necesarias para llegar hasta aquí. Para ser quien soy. No sé cómo habría sido mi vida si no hubieran ocurrido, pero prefiero no saberlo. Pero por supuesto que me arrepiento de ciertos episodios, acciones y actitudes del pasado.

¿Qué tiene de malo? La culpabilidad queda incompleta e inservible sin el arrepentimiento. Y este permite que accedamos a lecciones que, a su vez, pueden dar paso a otras que mejoran la vida.

El arrepentimiento es un sentimiento muy bonito y humano.

Es la clave para que puedas perdonarte.

¿Puedes perdonar a alguien que se disculpa, pero no se arrepiente de lo que te ha hecho?

Por eso siempre les digo a mis hijos que no pidan perdón si no están realmente arrepentidos. Porque así no vale. No sirve.

Antes de terminar este capítulo, vuelve a coger la nota en la que escribiste lo que aún no te perdonas. Aquello que te hace sentir culpable.

Inspírate en el siguiente texto para escribir una especie de declaración personal (o úsalo directamente) y léelo varias veces al día durante una semana. Si lo necesitas, con el paso de los días, modifícalo. Acompaña su lectura de la máxima emoción positiva posible. Desde hace años, a mis clientes les va muy bien: «Ha llegado el momento de liberarme de la culpabilidad que me sigue desde aquel día. Voy a perdonarme. Y lo voy a hacer porque me siento arrepentido, porque soy consciente de mi error. Porque ya he pedido perdón. Porque he intentado restituir el daño. Redimirme. Porque no volvería ni volveré a actuar de aquella manera. Porque no soy egoísta al hacerlo. Porque mi vida debe seguir adelante. Porque tengo mucho que dar. Porque la culpa no me deja ser feliz. Porque quiero ser feliz. Porque he aprendido la lección. Hoy, después de todo este tiempo, suelto este lastre. Me libero. Vuelo. Me perdono. Y haré lo posible de ahora en adelante para sentirme siempre digno de lo que acabo de hacer».

Sin perdón no puede haber paz interior. Y sin paz interior no puede haber felicidad. Punto.

Con esto concluyo el capítulo. Espero que te haya hecho bien. Si es así, algún día me gustaría encontrarme un correo electrónico tuyo en mi buzón en el que me contases tu historia.

A continuación te hablaré de cuatro conceptos clave para tu desarrollo tanto en el mundo como en la vida: positividad y negatividad (los más importantes e interesantes), y optimismo y pesimismo.

Positividad y negatividad

Necesito empezar este capítulo de la forma más clara y directa posible. Construiremos desde ahí. Creo firmemente en esta premisa: si no eres una persona positiva, es imposible que llegues a ser feliz. Fin.

Ojo: digo positiva, no optimista.

No son pocas las veces que me han llamado optimista. Pero siempre se han equivocado al hacerlo.

No soy una persona optimista. Soy una persona positiva.

Y serlo me ha salvado muchísimas veces.

Diría que es una de mis mejores cualidades.

Es más, sin mi positividad, me habría hundido hace mucho. Y ahí seguiría a día de hoy.

El optimista cree que todo lo que vendrá será bueno.

El positivo piensa que de todo se puede sacar algo bueno.

Que todo puede tener una lectura positiva.

Pero sin perder de vista lo que está mal o es negativo.

El optimista diría: «Hoy llueve, pero seguro que mañana sale el sol». Si llueve dos días seguidos afirmará: «Bueno, mañana saldrá, seguro». Pero se quedará en casa mirando por la ventana.

En cambio, el positivo exclamaría: «Hoy llueve, no iremos a la playa, ¡pero podemos ir a la montaña!». Se pondría un chubasquero, unas botas e iría recoger espárragos y caracoles por el monte.

El optimista espera.

La persona positiva, hace. Provoca.

Después están los pesimistas. Son esas personas que creen que todo irá a peor. Dicen: «Hoy hace sol, pero mañana seguro que llueve, y si no, al otro».

Por último, llegamos a las personas negativas. No necesitan viajar al futuro. Les vale cualquier aspecto del presente para reafirmar su visión de la vida: «Hoy hace sol, malo por la radiación». «Hoy llueve, malo; vaya, no hay sol». Tanto les da. Todo está mal.

Son las típicas personas que, cuando se acerca el sorteo de la lotería de Navidad, dicen: «Si te toca, la mitad se te irá en impuestos».

Prefiero a una persona pesimista que a una negativa.

Una persona optimista que una pesimista.

Pero prefiero mil veces a una persona positiva que a una optimista.

Y ojo, no digo que ser pesimista no tenga alguna ventaja evolutiva, sino que rechazo los beneficios de practicar el pesimismo. Sean los que sean.

Tampoco digo que ser optimista esté mal. Ni mucho menos.

A veces me gustaría saber lo que siente un optimista.

Pero no puedo evitar ver lo que está mal en el mundo.

Ni hacer un análisis lo más objetivo posible de las situaciones que me rodean.

Eso es justo lo que me permite practicar después mi positividad.

Detente. Quiero que pienses en lo que has leído y que respondas a esta pregunta: ¿en qué grupo estás?

¿Eres optimista? ¿Pesimista? ¿Eres negativo? ¿O positivo?

Si te paras a pensar un momento en algunas de las experiencias de tu vida, seguro que lo ves claro.

No cuento con datos de ningún estudio, pero por lo que he

podido observar en mi vida, lo habitual es ser pesimista, después optimista y, muy de cerca, negativo. Ser positivo es inusual. Me cuadran muchas cosas a partir de aquí.

«Espera lo peor y así todo lo que venga será igual o mejor». No me gusta esta mentalidad. Me parece demasiado derrotista y propia de una personalidad empequeñecida.

«¡Todo irá bien!», dicen los del otro lado. Pues no, no es así. En principio, el mundo siempre va a mejor. Hoy se vive mejor que hace cuarenta años. Y hace cuarenta, mejor que hace cien. Pero eso no quiere decir que todo haya salido bien ni que todo esté bien.

La persona negativa, optimista o pesimista puede serlo tanto si las cosas le van bien como si no es así. Pero la positiva encuentra su prueba de fuego cuando todo parece irle mal. Cuando el dolor impera sobre todo lo demás. Y ahí la vida separa el grano de la paja y al individuo positivo... de todos los demás.

Elena me contrató para que la ayudara con las oposiciones a juez. Suspendió la convocatoria anterior porque, literalmente, huyó del último examen.

Mi trabajo consistía en hacerle ver que, aunque no aprobara o no sacara nota, lo importante era ver el lado positivo del proceso. También me propuse que se quedase con una buena experiencia global de todo aquello. Que no se quemara.

«Me conformo con presentarme al examen», me decía.

Así de frágil se sentía.

La verdad es que no fue difícil.

Primero puse orden en su vida en lo referente a organización y planificación. Le hice un plan de estudios diario exigente pero agradable. No podía estudiar más tiempo del indicado y debía tomarse un día libre a la semana.

Su alegría y motivación iban en aumento, pero era incapaz de quitarse de la cabeza la idea de que podía volver a pasarle lo del año anterior: huir del mismo examen.

Entendió que lo importante era acabar satisfecha con su esfuerzo. No importaba el resultado. Como me decía mi madre de niño: «Cuando uno da todo lo que tiene, no se le puede pedir más, y debe estar contento con eso».

Llegó el día del fatídico examen. Antes de entrar, estuvo leyendo una declaración de intenciones que le había escrito para ese momento.

¿Quieres leerla? Aquí la tienes:

> Aquí estoy. Por fin ha llegado el momento.
>
> No hay forma de que, pase lo que pase, esto pueda ser malo para mí.
>
> No tengo más presión que la de intentar hacerlo lo mejor posible dado el contexto.
>
> Me siento en paz conmigo misma por haber dado tanto de mí.
>
> He sacrificado lo justo y necesario, quizá más incluso. Tengo ganada mi paz de espíritu.
>
> No habrá dolor insuperable si no apruebo.
>
> Estoy en paz desde ya.
>
> Estoy tranquila. Soy valiente.
>
> SOY FUERTE.

Entró y aprobó.

Después superó los otros exámenes y pasó el primer gran corte.

La segunda parte de la oposición también la aprobó, pero no le llegó la nota.

Me lo dijo por mensaje. Después me llamó por teléfono.

«Estoy muy orgullosa de mí. Estoy en paz. He aprendido muchísimo de todo esto. Soy más metódica, más organizada, más fuerte, más disciplinada y... más positiva. Al fin puedo pasar página. Puedo descansar».

No había superado la oposición. Pero ahora era capaz de ver las cosas buenas. Irradiaba positividad en medio de la derrota.

Por eso digo que, cuando uno pierde, nunca lo hace del todo.

Siempre se puede sacar algo bueno.

Pero para eso se necesita ser positivo.

Estaba entrenando. Llevaba unos ciento setenta kilos sobre la espalda para hacer sentadillas. Todo iba bien. Había calentado correctamente. Iba protegido. Llevaba el cinturón lumbar apretado. Mi técnica era impecable. El peso, accesible. No había peligro.

Pero en la última repetición de la sesión, al subir, mi espalda se dobló. Antes de dejar el peso le dije a alguien: «Me he hecho daño, me he roto». Y vaya si lo hice.

En mi mejor momento como atleta de halterofilia. Con unas marcas excelentes. Con la motivación más alta posible. Noté un crac en la espalda y todo se fue al carajo.

Casi no podía andar. Ese mismo día fui a tratarme.

Diagnóstico: varias hernias discales en la zona lumbar.

Pensé que sería como cada vez que me lesionaba. Un par de semanas parado y a entrenar. Pero no. Esta vez no.

«Olvídate de volver a levantar pesos así», me dijo el terapeuta.

Apenas podía dormir del dolor. Casi me era imposible tener a mi hija pequeña en brazos. No podía estar mucho tiempo de pie ni tampoco sentado. Las semanas pasaban y parecía que el dolor iba a más.

Un día me dije: «Puede que sea el final, quizá no pueda volver a entrenar». Lo acepté. Después pensé: «¿Y cómo quiero que sea mi vida ahora?».

Y empecé a crearla.

Tenía tres horas libres más al día, que era el tiempo que pasaba entrenando. Empecé a leer aún más. Si antes me acababa un libro cada semana, ahora eran tres. A veces, cuatro.

Empecé a escribir más. A estudiar más.

También aprendí todo lo que pude sobre mi lesión. Poco a poco, iba encontrando posibles curas. A los tres meses podía andar casi una hora seguida. Aquellos paseos me alegraban el corazón.

Pensaba: «Esta nueva vida no está nada mal, es muy bonita y tranquila».

No dejaba de hacerme daño, pero cada vez menos. Me despertaba con bastante dolor, era el peor momento del día. Pese a todo, deseaba empezar la jornada. Tenía mucho que agradecer. Ver, descubrir y aprender.

Pasaron diez meses. Al final me recuperé, y aunque no tenía demasiado tiempo, me inscribí en el campeonato de España de halterofilia para veteranos. Conseguí una medalla de bronce que me supo a gloria.

No puedo ni imaginar cómo habría sido aquello sin mi positividad. Si hubiera caído en el pesimismo. O en la negatividad. Creo que incluso el optimismo habría acabado pasándome factura, porque la realidad era terca y desalentadora.

La vida me dio limones... e hice limonada. Mucha limonada.

Lo que ya no podía hacer había dejado espacio y tiempo para cosas nuevas. Maravillosas también.

Fue, sin duda, una de las mejores épocas de mi vida.

«De todo se puede sacar una lectura positiva... o negativa», le dice Benjamin (del filme *El curioso caso de Benjamin Button*) a su hija en una de las cartas que le escribe en vida.

Y es cierto.

Ser positivo o negativo es una elección.

Tomarla está en tu mano.

A las personas negativas se les da genial serlo. Me llega a asombrar su capacidad para sacar una lectura negativa de todo.

—Mira qué cochazo se ha comprado ese.

—Bah, lo que debe costar el seguro.

—Mira qué casa tan bonita y grande se ha hecho esa.

—Bah, no veas para limpiarla.

—Mira qué bien le van los negocios.

—Bah, Hacienda se lo debe llevar casi todo.

Son unos máquinas en lo suyo.

Los que somos positivos también somos muy buenos en lo nuestro.

Es una de nuestras mejores habilidades.

Aunque para mí, más que una habilidad es un superpoder. Uno que hace que la vida sea mejor.

Todo el mundo puede aprender a ser más positivo. También es algo que se elige y después se aprende. Imagina por un momento cómo sería vivir de forma más positiva. Centrándote en el lado bueno de todo sin olvidarte de lo que está mal.

Elige y comprométete a entrenar esta habilidad. Este superpoder.

Te prometo que te harás uno de los mejores favores de tu vida.

Observa la realidad tal como es. Con subidas y bajadas.

Cuando subas, disfruta de las vistas.
Cuando bajes, recapitula. Toma perspectiva.
Será un buen momento para mejorar.
No sirve de nada pensar que quizá mañana todo sea mejor.
Puede que no lo sea.
De nada sirve pensar que mañana quizá todo sea peor.
Porque puede que no lo sea.
Sin embargo, aquí estás. Aquí y ahora.
Y puedes hacer mucho.
Si no te gusta lo que ves, busca otro ángulo.
Pero no dejes de percibir la realidad. No le gires la cara a la verdad.
Ser positivo no es suficiente para ser feliz.
Pero sí imprescindible para llegar a serlo.
Además, da frutos desde el minuto uno.
Las quejas y excusas desaparecen de un plumazo.
No hay obstáculos, sino benditas pruebas que superar.
Todo lo que llega, sirve. Encuentras la manera.
Y aparece la fuerza.
Las personas fuertes son positivas.
Y los positivos se harán fuertes.
Ahora dime que no vale la pena el esfuerzo.

En el siguiente capítulo te hablaré del perfeccionismo, un estado adverso más relacionado con el miedo que con las ganas de hacer las cosas bien. Llevo muchos años ayudando a la gente a deshacerse de esta locura inhumana que supone intentar hacerlo todo a la perfección y ser... perfecto.

Perfeccionismo

Reconozco que en su momento me sorprendió la cantidad de gente que padecía de perfeccionismo. Cada vez que escribía sobre el tema en las redes, decenas de mensajes y correos inundaban mi bandeja de entrada.

El sufrimiento de aquellas personas me conmovía.

Pronto empecé a recibir clientes con este problema en mis mentorías. Me costaba concebir el impacto del perfeccionismo en la vida de las personas. Lo manchaba casi todo. Las volvía temerosas, ansiosas, inseguras y desconfiadas. Y, por supuesto, carentes de autoestima y felicidad.

En mi caso, debo decir que jamás he sido perfeccionista. Desde muy temprana edad comprendí que «lo perfecto» estaba lejos del alcance del ser humano. Lo entendí una tarde, después de un partido de fútbol. Tendría unos doce o trece años.

Ese día jugué especialmente bien. En la segunda parte del partido recibí un pase largo por el aire. Controlé la pelota, regateé a tres defensores, levanté la vista y chuté desde unos treinta y cinco metros. La clavé por la escuadra. Mi entrenador, boquiabierto, se llevó las manos a la cabeza.

Cuando acabó el partido, en el vestuario, el presidente del equipo vino a darme la enhorabuena y me dijo: «Ha sido un gol perfecto».

Le di las gracias, pero me quedé pensando: «Un gol perfecto... ¿seguro? ¿Existe eso?».

Reflexioné sobre ello. Si en lugar de regatear a tres defensas hubieran sido cuatro, el gol habría sido mejor aún. O si en vez de chutar desde treinta y cinco metros lo hubiese hecho desde cuarenta. O si el balón hubiese entrado más ajustado a la escuadra. Todas esas cosas habrían hecho de aquel gol uno más perfecto, pero podría haber añadido más, muchas más. Entonces concluí: «Bah, no tiene sentido, no acabaríamos nunca. Si sigo así, mi gol acabará pareciéndome una mierda».

En la película *El árbol de la vida*, el personaje interpretado por Brad Pitt, un padre severo y autoritario, le dice a uno de sus hijos: «En una ocasión, Toscanini grabó la misma pieza sesenta y cinco veces. ¿Sabes qué dijo cuando acabó? "Podría mejorarse"».

Nadie puede discutir el genio de Arturo Toscanini, considerado por muchos expertos el mejor director de orquesta de su época, pero da que pensar. ¿Dónde está el término medio? ¿Y la virtud? ¿Y el equilibrio?

Aprender a revisar lo que hacemos —ya sea un escrito, un dibujo o una receta de cocina— es un bonito hábito. Pero no tener la capacidad de ponerle el punto final con una agradable conformidad es un puñetero tormento.

La clave es la siguiente: ¿qué esconde ese perfeccionismo?

En la mayoría de los casos, no es más que miedo. Miedo al rechazo. Miedo al fracaso. Miedo a la opinión de los demás. Miedo a no ser, en definitiva, lo suficientemente bueno.

Crees que el perfeccionismo te protegerá de esos escenarios difíciles. No le falta lógica al planteamiento, de alguna forma la tiene, pero el precio que hay que pagar por el perfeccionismo es peor que ser rechazado, que fracasar y recibir un montón de opiniones negativas por parte de los demás.

Por encima de todo tienes que aceptar esta verdad: te pongas como te pongas, te guste o no, te moleste o no... te criticarán.

Juzgarán este libro. También a mí.

¿Me preocupan esas críticas? NO. En absoluto.

Solo me preocupa y me ocupa dar lo mejor de mí.

Esforzarme. Llenarme de buenas intenciones y aportar. Contribuir. Lo demás no es asunto mío.

¿Es un libro perfecto? Claro que no.

¿Hay algún libro perfecto? ¡Por supuesto que no!

Hay personas que adoran unos libros concretos y otras los detestan.

Hordas de fans siguen determinadas películas que tienen legiones de detractores.

Algunas personas odian a Michael Jordan, Messi, The Beatles, Bruce Springsteen, Steven Spielberg, Tolkien o Van Gogh.

Todos ellos han hecho algo más perfecto que lo que podrás hacer tú en la vida.

Deberías empezar a verlo todo un poco más claro... y a plantearte la gran pregunta: ¿Qué significa «perfecto»?

¿Cómo es algo perfecto? ¿Ha existido alguien perfecto en la historia de la humanidad? ¿Quién ha hecho nunca algo completa y puramente perfecto?

Cada vez que planteo estas preguntas a mis clientes «perfeccionistas» recibo como respuesta un largo silencio enmarcado por una cara de circunstancias.

«Pues no sé, Joan, perfecto. Mejor hasta que no pueda serlo más. Ya sabes».

«Nunca en mi vida he visto algo perfecto. Solo cosas que me

gustaban y otras que no. Pero ¿perfectas? Ni una. ¿Y tú?», les suelo decir. Entonces vuelve a aparecer el silencio.

Piensa en el *Guernica*, de Picasso. Es famosísimo. Objetivamente, es una obra de arte. Pero a mí me aburre. No me gusta nada. Que conste que me encanta Picasso. Pero el *Guernica* no. Y eso que es una obra intemporal valorada en... doscientos cincuenta millones de euros.

¿Pienso que es una porquería? No. Pero no me gusta.

¿Mi opinión lo convierte en una mala obra de arte? Dios me libre. No y mil veces no.

Entonces ¿qué significa «mejor»? ¿Qué es «perfecto»? ¿Cómo se consigue algo «perfecto»?

¿Puedes plantearte la idea de que le gustes a unas personas y a otras no?

¿Y que a alguien le guste lo que haces, pero que haya gente que no lo soporte?

Porque esto funciona así. No hay más verdad.

En YouTube hay un vídeo muy especial de Bob Marley & The Wailers. Escribe «Bob Marley Rehearsal Tuff Gong» en el buscador y te saldrá como primera opción.

Es un ensayo sin editar. En vivo. En crudo. A Marley se le olvidan un par de líneas, confunde algunas estrofas, se oyen guitarras desafinadas, el baterista tiene que improvisar partes porque Bob pierde el hilo y el sonido en general es de baja fidelidad.

Está alejadísimo de la perfección.

Pero es uno de mis vídeos favoritos.

Me sobrecoge. Me encanta su humanidad imperfecta.

Incluso mis hijos se saben partes de las canciones que tocan.

Cantan hasta los fallos del ensayo.

Uno de mis pintores favoritos es Egon Schiele, exponente máximo del expresionismo austriaco de principios del siglo XX. Discípulo y protegido del gran Gustav Klimt.

Búscalo ahora mismo en internet.

Observa la imperfección general de todo lo que hacía.

Mira cómo, con toda la intención del mundo, Schiele deforma la figura humana. En ocasiones hasta lo grotesco.

Fíjate en la línea. Temblorosa. Inexacta. Pero bellísima.

Humana.

Puede que te repugne.

Puede que te haya encantado.

Y está bien que sea así. Menudo mundo aburrido nos quedaría si a todos nos gustase lo mismo. Acabaríamos aborreciéndolo todo.

Asqueados hasta de nosotros mismos.

Y del mismo mundo.

Piénsalo bien:

Un ordenador puede hacer una línea recta y larga perfecta.

Un ser humano, no.

Y es que el ser humano no es un ordenador.

Ni el ordenador podrá ser nunca un ser humano.

¿Y sabes por qué me gusta tanto?

Porque el ser humano es así: imperfecto.

¿Y puede algo imperfecto crear algo perfecto?

No creo. Imposible.

No puedo hacer una mesa de madera con un pedazo de piedra.

La perfección no es asunto nuestro. Del ser humano.

No es cosa nuestra.

No es cosa tuya.

Punto.

No necesitas ser perfecto. Nadie te lo puede exigir. Tú tampoco, ni puedes pedírselo a nadie.

Permítete ser imperfecto. Eso te permitirá hacer mucho más.

«Hecho es mejor que perfecto», suelen decir.

Hacer te permite ser fuerte. Independiente y libre.

¿Qué estás dejando de hacer por miedo a las críticas?

Por Dios, coge papel y bolígrafo y haz una lista con todo eso. Empieza. Lánzate a la vida que te gustaría vivir. Con o sin miedo, pero hazlo.

Hace tiempo lancé un pódcast que tuvo mucho éxito, *El diario de Joan Gallardo*. Consistía en colgar un episodio diario durante un año. No fallé ni una vez. Fue un esfuerzo enorme. Y una exposición brutal. Además, me prometí que nunca me prepararía nada antes de grabar. Que sería hablarle a la grabadora y subirlo. Ni ediciones ni guiones. Lo más sincero y humano posible.

Cada día, muchísima gente se conectaba para escucharlo. Pronto empezaron a llegarme comentarios muy positivos de los oyentes. Sin embargo, cuanto más éxito tenía, más *trolls* y *haters* aparecían. Nunca entré al trapo. Si me faltaban al respeto, borraba los mensajes y bloqueaba a sus emisores. Fin. Pero admito que, aunque poco, al principio me molestaba.

Pensaba que, pese a esos comentarios tan feos, seguía recibiendo diez veces más halagos.

Semanas después empecé a sentir una indiferencia total por los mensajes destructivos, pero lo asombroso llegaría al poco tiempo. Desarrollé una especie de inmunidad a las adulaciones y alabanzas. Las percibía como algo positivo. Las agradecía. Pero dejaron de ser mi motor. Y eso me permitió lanzar un mensaje aún más sincero y puro por mi parte. Más auténtico.

Me dediqué a lo que habría hecho aunque nadie hubiese escuchado mi pódcast.

El rechazo es mejor que la autocensura.

Además, el fracaso y las críticas no son para tanto.

La mayoría de los perfeccionistas que he conocido no saben lo que es fracasar..., pero porque nunca se han expuesto a ello. Y por eso lo temen tanto. No aceptan que para ganar hay que aprender a soportar el miedo que produce la posibilidad de un fracaso.

Deja de esconderte de las críticas.

Acepta la posibilidad del fracaso.

Empieza a hacer todo lo que siempre has querido hacer y pasa de todo el mundo.

Y, por último, acepta la idea de que, en realidad, el perfeccionismo no te está protegiendo de nada.

Recházalo ahora mismo y acepta tu perfecta imperfecta humanidad.

Cierre

¿Cómo sería tu vida si te conocieses, si confiaras en ti, si te quisieras, si fueses más humilde, si te perdonaras tus errores, si supieses manejar la culpabilidad, si te hablaras con respeto y cariño, si te atrevieras a hacer lo que te apetece sin miedo al «qué dirán», si fueses más positivo y vivieses bajo tu propio y libre sistema de valores y principios?

Exacto.

Serías más feliz y tendrías más paz dentro.

No es un camino fácil pero, de largo, es el mejor camino que existe.

Llénate de esperanza.

De ganas de mirar dentro de ti.

No es demasiado tarde. Te lo prometo.

Interioriza esta parte del libro. La relación que mantienes contigo es lo más importante. No es lo único, pero sin ella lo demás no te servirá de nada. No te llenará como no se puede llenar un cubo de agua que tiene un agujero en el fondo.

Superado este gran obstáculo hacia la felicidad, demos otro paso relacionado con la persona que, teóricamente, pasará más tiempo a tu lado y con la que compartirás la vida: tu pareja.

LA PAREJA

Si mantienes una buena relación contigo mismo, aumentará la probabilidad de que encuentres a tu pareja ideal.

Como verás en este capítulo, necesitarás algo más para que funcione, pero esta condición es insalvable. Si uno de los dos no mantiene una buena relación consigo mismo, tarde o temprano la pareja sufrirá, se deteriorará y acabará rompiéndose, o hará que uno de los dos o ambos no se sientan a gusto en ella.

Dicho esto, centrémonos en algo que puede hacerte muy feliz o tremendamente desgraciado: la pareja.

Hace años empecé a hacer directos en redes sociales. Mis seguidores podían preguntarme sobre los temas que son de mi conocimiento y experiencia. De los que siempre he escrito y hablado.

Casi desde el principio, destacó uno: la pareja.

Pronto empezaron a llamarme, con bastante gracia, «Doctor Amor». De forma natural, mi agenda empezó a llenarse de personas que necesitaban ayuda con sus problemas de pareja.

Desde ese momento, casi la mitad de mi trabajo como mentor se centra en este tema.

Hace poco, contacté con una antigua clienta para saber cómo le iba en su relación un año después. Me dijo que nunca habían estado tan bien. «Ni cuando empezamos a salir, Joan. De hecho, te queríamos decir que... ¡nos casaremos el año que viene y nos gustaría que vinieras! Bendito el día que contactamos contigo», me dijo. Es genial ver una evolución de este tipo, pero por desgracia hay parejas que no sobreviven, que lo mejor que pueden hacer es separarse. Es una parte dura de mi trabajo, pero necesaria. No tiene sentido mantener unida una relación que hace infeliz a uno o a ambos miembros. «No sé cómo habría terminado mi vida de no haberme separado, menos mal», suelen decirme. Siempre es un alivio oírlo. No todas las parejas o matrimonios tienen remedio ni solución. O se arregla o se rompe. Punto.

En el fondo, todo este embrollo no me sorprende, ya que llegamos a la edad adulta sin formación sobre el mundo de la pareja. Por eso casi todos cometemos torpezas y errores. Y lo peor es que no sabemos enmendarlos.

Entramos en una de las etapas más difíciles de la vida sin apenas preparación.

Antes de seguir, quiero decirte que no se me ocurre decisión más importante en la vida que escoger a la pareja que quieres que te acompañe el resto de tus días, si es que eliges tenerla.

Una buena pareja puede lanzarte hacia alturas inimaginables.

Pero una mala pareja puede hundirte hasta donde no llega la luz.

Lee este capítulo con tu historial amoroso/sentimental en mente. Quizá te cuadren muchas cosas.

Empecemos.

Si quieres encontrar una buena pareja primero debes serlo tú.

Pedimos mucho pero, demasiadas veces, ofrecemos muy poco.

Veo esto con frecuencia en mis sesiones con parejas. Uno de los dos empieza con su lista de reproches y acusaciones mientras el otro aguanta el chaparrón. Cuando termina, tomo la palabra y pregunto: ¿Y tú? ¿Qué errores cometes tú?

No siempre el que más se queja es el que tiene el historial más limpio.

En cualquier caso, te recomiendo que descubras y asumas tus errores antes de analizar los del otro. Puede que te lleves una sorpresa. Como siempre digo a mis clientes en estos casos: «Antes de hablar de tu pareja, háblame de ti».

Coge papel y bolígrafo y pregúntate qué cosas podrías haber hecho mejor en tus anteriores relaciones. Y, si actualmente estás en una, escribe sobre los errores que puedes estar cometiendo ahora.

No es un paso fácil. Tendrás que tragarte mucho ego (el gran aniquilador de parejas). Pero harás bien. En una pareja, el orgullo personal debe quedarse al margen.

Fuera de la ecuación. Por completo.

El mundo de la pareja no es sencillo. Y más aún cuando lo complicamos más de lo necesario.

Pero nadie nace enseñado. Todos cometemos errores. Yo mismo me he separado varias veces. Lo importante es que aprendas de la experiencia, no repitas los mismos errores e intentes hacerlo mejor cada vez.

Y un consejo: no te rindas antes de tiempo.

Porque estar bien en pareja es algo increíble. Precioso.

Estar enamorado y ser correspondido es algo incomparable.

Seguro que quieres mucho a tus grandes amigos, y quizá sean para toda la vida, pero no están tan cerca de ti como tu pareja.

El amor que sientes por tu hijo es inigualable, pero un día volará del nido y se alejará de ti, como debe ser.

Cuando llegue el momento, tus padres también se irán.

Pero la pareja... La pareja está más cerca que nadie y, en principio, es para toda la vida. De ahí su importancia.

Muchos piensan que, cuando una pareja se rompe, todo termina. «Muerto el perro, muertas las pulgas». Pues no, en este caso las pulgas siguen vivas. Toda relación deja huella en ambos miembros. Si no se cierran etapas, tarde o temprano reaparecen los males.

Tras una ruptura, deberías vivir una etapa de introspección, retrospección y crecimiento posterior. Si estás «soltero» o acabas de salir de una relación, te recomiendo que no busques pareja hasta que no te plantees las suficientes preguntas y encuentres las respuestas correctas.

No es fácil. Sé que la soledad duele. Pero por más que te haga sufrir, no la evites. Duele, sí, pero también enseña. Muchísimo. En esas épocas de soledad y recogimiento dispondrás del tiempo y el espacio necesarios para escucharte, atenderte, comprenderte y encontrarte. Cuando empecé a salir con chicas, solían ofrecerme el típico consejo de «Cuando rompas con una, date un tiempo antes de empezar con otra». No entendía el motivo y, por supuesto, no hice caso alguno. La vida se ocupó de enseñarme que era un consejo bastante sensato. Hay ciertas cosas que solo se aprenden pasando un tiempo en soledad. Cosas que son imprescindibles para, llegado el momento, estar bien junto a otra persona.

Nadie te garantiza el éxito, pero puedes evitar las típicas equivocaciones que cometen quienes fracasan en sus relaciones sentimentales.

No puedo prometerte que no vayas a sufrir.

Pero te mostraré dónde se la pegan casi todos.

Cada persona es un mundo, cierto, pero los errores en pareja son bastante comunes. Eso es una buena noticia para ti: tus problemas no son originales. Por lo tanto, ánimo, quizá aquí encuentres algunas soluciones. Si no es así, te animo a que busques en otros libros y autores. No puedo ofrecerte todas las respuestas, pero seguro que alguien tiene las que yo no tengo.

¿Y cuáles son los problemas más frecuentes?

No saber estar solo, no conocer realmente a la persona con la que estamos, idealizar a la persona con la que queremos estar, la convivencia en pareja, la falta de comunicación, el orgullo, el sexo, los celos, la economía del hogar, la aparición de terceras personas, las rupturas (con o sin hijos), etc. Estos son algunos de los temas «estrella». ¿Te identificas con alguno? Seguramente sí...

Voy a empezar con el peor problema de todos. Curiosamente, con uno del que se suele hablar muy poco: elegir pareja.

Elegir pareja

Solo hay un problema de pareja que no tiene solución: haber elegido mal a la otra persona.

Cuando esto pasa, da igual lo que te esfuerces y lo que mejores. No funcionará.

Así de fácil. Pero es que elegir bien es muy difícil.

Quizá me digas: «Uno no elige de quién se enamora». Es cierto... a medias. Antes de que aparezca el amor, inicias un proceso. Primero te fijas, luego te acercas, conoces a esa persona, empieza a gustarte, intimáis y por último os enamoráis. Pero si durante ese tiempo descubres alguna incompatibilidad manifiesta, deberías alejarte de ella. Es muy difícil, lo sé. Pero no cabe otra opción. Una canción de Interpol (mi grupo favorito) dice: «Te faltan cosas con las que me identifico, pero no veo el daño». Ya lo verás, ya. Tiempo al tiempo. No querer ver un tren que viene de frente a toda máquina no hará que desaparezca; se te llevará por delante. En resumen, quizá no eliges exactamente de quién te enamoras, pero sí puedes decidir qué haces con ese enamoramiento.

Aun así, lo intentas. Piensas que eres muy bueno. Crees que conseguirás que funcione, por los dos. A lo mejor supones que puedes cambiar al otro. Quizá eres de los que dicen que con el amor basta.

Y no es así. Es una de las verdades que más me ha costado aceptar: si hablamos de parejas, con el amor no es suficiente.

Hace falta mucho más. Si fuese tan sencillo, no se rompería un matrimonio en España cada cinco minutos. Es impresionante. Dos en lo que tardas en leer esta página. Y eso que no hay datos de las rupturas de parejas no casadas, porque nos llevaríamos las manos a la cabeza. Es una locura.

¿Y cómo puedes elegir mejor a tu futura pareja?

Me han planteado esta pregunta cientos de veces. Pero antes de contestarla tengo otra mala noticia: tampoco basta con elegirla bien. Pero es imprescindible.

Menudo rollo, ¿eh?

Lo siento, pero es así.

Me encantaría contar con un decálogo. Una lista. Un «guíaburros». Pero no. Lo he intentado, pero todavía no lo he conseguido.

De todas formas, tengo algunas respuestas.

Pensemos un momento en la amistad y verás cómo fluyen.

¿Qué tienes en cuenta al elegir a un amigo?

Que te caiga bien, que te sientas a gusto en su compañía, que te apetezca quedar con él, que te conozca, que te comprenda, que compartas ciertos intereses y valores con él, que te haga reír, que sientas que te apoya, que te trate con respeto, que puedas hablar con él, que sea leal, etc.

Pues casi todo eso (o todo) deberías tenerlo con tu pareja, aunque no sea suficiente.

Con un amigo no tienes que convivir el resto de tu vida, acostarte con él, criar hijos, compartir la economía o aceptar a la familia política.

¿Qué más se necesita?

Por ejemplo, compartir determinados objetivos en la vida y, sobre todo, los más grandes y decisivos.

Si no quieres hijos, no empieces a salir con alguien que desee tenerlos.

Si sueñas con irte a vivir a Malasia, no comiences una relación con quien quiera pasar su vida en un precioso pueblo de Burgos.

Si no te gusta viajar, no salgas con alguien que quiera recorrer el mundo hasta el final de sus días.

De estos ejemplos, el primero es el más problemático. Hace apenas medio año, en una de mis sesiones presencié la ruptura de una pareja por este motivo. Él no quería tener hijos, y ella, con cuarenta y dos años, sí. «No quiero morir sin ser madre», decía. A la hora de tomar algunas decisiones, el tiempo corre muy rápido... y no espera. Si las pospones, un día será demasiado tarde. Y no habrá vuelta atrás. A veces funciona así. Punto.

Aquella pareja se amaba. Pero lo hizo bien.

Él no deseaba tener hijos ni «averiguar» lo que pasaría si los tuviese sin desearlos.

Ella no quería despertarse un día con cincuenta y cinco años, sin hijos y habiendo perdido la posibilidad de tenerlos.

Tendrían que haber hablado sobre esto al principio. El tiempo dirá.

Muchas personas comentan: «Si amas a tu pareja, querrás tener hijos». No es cierto. No tiene nada que ver. Ser padres no es ninguna broma. Es un asunto muy serio que implica a otros seres humanos.

Una vez dije en una conferencia que la persona con la que decidamos estar debe tener todo aquello que nos encanta y nada de lo que detestemos.

Esta parte la deberás concretar tú.

Haz una lista con ambas cosas, con lo que debe tener y lo que no. Te aconsejo que la conserves y también la compares con tus relaciones anteriores. Teniendo en cuenta tu lista, ¿elegiste bien?

Por ejemplo, en mi caso, no podría estar con alguien que se pasase el día hablando de política o que sus ideas sobre el tema fuesen extremas, tanto de derechas como de izquierdas. Sería incapaz de vivir con una mujer celosa, controladora o posesiva. No saldría con una persona pesimista o negativa. Ni que fuese poco cariñosa o que no le gustasen los niños. Tampoco susceptible, con mal carácter, fría, etc.

Quiero estar con una persona que se cuide, curiosa, con sed por aprender, con un mundo interior propio, alegre, divertida, humilde, inteligente, bondadosa, apasionada, tranquila, cariñosa, familiar, femenina, resolutiva, práctica, etc.

Como ves, lo tengo claro.

Ahora.

No siempre ha sido así. Y por eso, en el pasado, me ha ido como me ha ido.

«Confórmate», suelen decir.

Exacto, confórmate justo con lo que quieres y necesitas.

Ni más ni menos. Sobre todo menos.

Compartir ciertos valores vitales también es importante a la hora de elegir. En especial los más altos.

A las parejas que acuden a mí en busca de ayuda siempre les pido que elaboren una lista de sus valores personales. A solas.

Luego, en una de nuestras sesiones, les pido que los lean en voz alta. Juntos.

Después del ejercicio, comienzan a cuadrar muchas cosas.

Se lo propuse a Julia y Tomás. En realidad, ya sabía lo que pasaría. Pero debían verlo ellos: no coincidían en ninguno de sus valores principales.

Eran tan diferentes que ni con comprensión y generosidad llegarían a ser compatibles. Sus valores señalaban caminos distintos. Alejados.

En ese momento comenzaron a entender sus problemas de pareja. Cada uno apuntaba en una dirección distinta. Y se resistían mutuamente.

En realidad, intentaban proteger la vida que querían vivir. Eso está bien.

Lo malo es que sus vidas no coincidían ni eran compatibles.

La pareja se rompió.

Hoy, ambos siguen siendo buenos clientes míos.

Y son felices. Por separado. Están creando la vida que siempre quisieron.

También es imprescindible que los estilos de vida se parezcan o sean compatibles.

Hay quien no puede quedarse en casa y quien no saldría ni a patadas.

Hay quien vive bien entre el desorden y quien coloca los libros por colores y en orden alfabético.

Hay quien necesita ver a sus amigos a diario y quien tiene bastante con un gato.

Hay quien adora comer fuera y a quien le apasiona cocinar.

Hay quien quiere hacer deporte en pareja y quien sueña con sofá, peli y mantita.

Hay quien se conoce todos los museos y exposiciones de la zona y quien solo conoce el museo del jamón.

Hay quien odia el heavy metal y quien lo ama.

Hay quien ahorra hasta el aceite de las latas de atún y quien se gastaría hasta las monedas de céntimo.

Hay quien tiraría la tele por la ventana y quien, si pudiera, se metería dentro.

Hay quien trasnocha y quien madruga.

Hay quien envía mensajes de amor a su pareja cada cinco minutos y quien se olvida el teléfono en el coche.

Hay quien disfruta con el silencio compartido y quien se pasaría el día charlando.

Hay quien ve todos los partidos de fútbol por la tele y quien, si pudiera, prohibiría este deporte.

«Debéis adaptaros», dirán muchos.

Cuidado.

Algunas personas cambian tanto para contentar a su pareja que terminan por desfigurarse y dejan de reconocerse en el espejo.

Otras, al principio tragan con lo que sea... Pero el tiempo pasa y la cabra tira al monte. Adáptate si quieres pero tendrás que mantenerlo. Si al principio, por impresionar o gustar, cedes y luego dejas de hacerlo... tendrás un problema.

«La belleza está en el interior». Desde luego. Y en el exterior. Y es importantísima.

Me sorprende que haya gente que diga que tener en cuenta el físico es algo negativo. Tonterías.

Busca a una persona que te atraiga por dentro, pero también por fuera. Busca el paquete completo, caray. ¿Por qué no?

Pon el listón JUSTO donde creas que debe estar.

La atracción física es muy importante.

Entre otros motivos, la estética y el gusto te ayudan a elegir tu casa, tu coche, la ropa, el color de las paredes, la ciudad donde vives, los cuadros que cuelgas, la música que escuchas, la vajilla en la que comes, las plantas con las que decoras tu hogar y los zapatos con los que andas. ¿Por qué iba a ser diferente en el amor?

No puedes pasar la vida junto a una persona que no te provoque placer cuando la mires. Como no podrías tener en casa una obra de arte que no te gustase mirar.

La belleza no es lo único, pero sí es muy importante. Fin.

Por último, es tan importante saber elegir como ser una persona «elegible».

¿Pides lo que estás dispuesto a dar? La mayoría no.

Quieres a una persona íntegra a tu lado. Pero tu moral es laxa.

Quieres a alguien que se cuide y se arregle. Pero te duchas una vez a la semana.

Quieres a alguien culto a tu lado. Pero no coges un libro desde primaria.

Quieres a alguien con una buena autoestima. Pero tú no la tienes.

Quieres a alguien que te escuche. Pero no dejas hablar a los demás.

Quieres a alguien que te haga reír. Pero tú solo das dolores de cabeza.

Espero que hayas captado la idea.

Hay una excepción a este capítulo: puedes haber elegido bien a la otra persona y esta, con el tiempo, cambiar. También es algo que puede pasarte a ti. Si sucede, hay que valorar de nuevo la compatibilidad de la pareja, no hay otra.

Por cierto, hay algo mucho más común y que merece un capítulo en este libro: las idealizaciones.

Vamos.

Idealizar

Las idealizaciones son las ganas de ver algo o a alguien de una forma determinada, a nuestro gusto, a favor. Aunque no haya base para ello.

Algunos llegan hasta tal punto que podría decirse que se inventan a la otra persona. Directamente.

Intenta ver siempre lo que hay. Ni más ni menos. Las virtudes y los defectos.

Lo bueno y lo malo. Lo que te gusta y lo que no.

No tiene nada de negativo ser analítico. Hablamos de formar una pareja o de unirnos en matrimonio con otra persona. Es un tema demasiado serio como para no tratarlo con cierto rigor y empeño.

Una vez caí en este error. Idealicé tanto a una mujer que, cuando al fin estuve con ella, ni siquiera la reconocía.

«¿Dónde está la chica de la que me enamoré?», me preguntaba.

«Pues en tu cabeza, estúpido Juanito». Sí.

La cuestión es que lo sabía. Pero no quería verlo.

No quería matar a esa «persona» de la que me había enamorado.

Con el paso del tiempo entendí que ella no tenía la culpa de esa idealización. Era como era. Punto.

Pero yo no tenía suficiente con su forma de ser.

Por eso la completé en mi cabeza.

En cuanto vi cómo era, me fui.

Era eso o la infelicidad en pareja. Como pasa siempre en estos casos.

Tampoco permitas que nadie te idealice. Nunca. No es fácil porque a todos nos halagan los piropos. Pero deben ser reales. Legítimos.

Cuando conozcas a alguien, asegúrate de que te conozca tal como eres. Que no se fije solo en lo bueno y cierre los ojos a tus defectos.

Carol S. Dweck, fantástica autora experta en *mindset*, dice que «elegir pareja es escoger un conjunto de problemas».

No es solo eso, pero tiene bastante razón.

Las idealizaciones borran todos los problemas y defectos.

Pero únicamente durante un tiempo.

Porque la realidad y la verdad son tercas. Pacientes.

Y les encanta presentar facturas y decir: «¿Y ahora qué?».

Pregúntate si alguna vez has caído en este tipo de error. En caso afirmativo, comprende el engaño que supone. ¿No te parece casi una estafa? Bonita, sí, pero una estafa al fin y al cabo.

Para mí, idealizar siempre es malo, ya sea un trabajo, una casa, el lugar donde vivir, unas vacaciones, un coche, etc. Lo que sea. Todo eso se puede cambiar sin demasiado sufrimiento. Algunas de estas cosas se pueden vender y llevarnos una alegría. Pero una pareja no.

Así que sé justo contigo y con los demás.

No tomes el pelo. No finjas virtudes y ocultes defectos. No te gustaría que te lo hicieran a ti.

Siempre es mejor la verdad que te rechaza que la mentira que te acepta.

Tenlo claro.

Puede que estés en un proceso de cambio a mejor, pero no tienes que esconder quién eres hoy. No te niegues. No aparentes. No falsees. No engañes.

Si eres legal con esto y dejas las películas para el cine y la televisión, llegarás al siguiente paso, que es primordial: conocer a la otra persona y dejarte conocer por ella.

Conocerse

Si tienes pareja o acabas de encontrarla, llega el momento de algo maravilloso: conocerla bien.

El doctor John Gottman, para mí el mejor experto en parejas del mundo, afirma lo siguiente: «Las parejas emocionalmente inteligentes conocen íntimamente el mundo de su compañero. Recuerdan los eventos importantes de la vida del otro. Si ella hace una ensalada, sabe cómo le gusta a él el aliño. Si ella trabaja hasta tarde, él le graba su programa de televisión favorito porque sabe cuál es y cuándo se emite. Él sabe lo que ella piensa de su jefe. Ambos conocen los objetivos vitales del otro, sus preocupaciones y sus esperanzas».

¿No te parece bonito?

Por desgracia, no es lo común. En mis sesiones con parejas me impacta lo poco que se conocen. A veces la incomprensión es tal que se pasan la vida malinterpretando lo que dice la otra persona. No se entienden porque en realidad no saben cómo es el otro.

Es imposible que una pareja funcione si sus miembros no se conocen profundamente.

Es el «Con solo mirarle sé lo que está pensando» versus el «No me entiendes».

Como dice la canción de Empire of the Sun *We Are the People*, «Yo lo conozco todo de ti. Tú lo conoces todo de mí. Lo sabemos todo de nosotros». Es casi una promesa de éxito.

Una de tus principales prioridades debe ser conocer bien a tu pareja.

No hay nada que cause tanta angustia y desazón como mirar a tu pareja y pensar que no te conoce.

Si es así, acabarás sintiéndote incomprendido y aislado.

¿Quién quiere pasar la vida junto a una persona en estas condiciones? Exacto.

Gottman afirma lo siguiente: «Cuanto más comprendas y conozcas a tu pareja, más fácil os resultará seguir conectados mientras la vida gira a vuestro alrededor».

Amén y mil veces amén.

¿Conoces completa y profundamente a tu pareja?

¿Y ella a ti?

Responde con sinceridad. Puede que haya aspectos que comiencen a cuadrarte.

Para bien. O para mal.

Elabora una lista con lo que querrías saber de tu pareja, aquello que haría que la relación fuese más íntima y aumentase el nivel de confianza. Atrévete a preguntar. A todos nos gusta que se interesen por nosotros.

Pero digo que plantees cuestiones, no que interrogues. No seas malo.

Por ejemplo: «¿Cuál es el sueño que aún no has cumplido?», «¿A qué país irías si solo pudieses hacer un viaje en la vida?», «¿Cuál era tu plato favorito de niño?», «¿Qué te sigue dando miedo?», «¿Cómo sería tu día perfecto?»...

De paso, reforzarás la comunicación entre vosotros y, por ende, la convivencia. Y de eso trata el siguiente capítulo.

Convivencia y comunicación

El noviazgo es una cosa. Pero la convivencia es otra muy distinta. Más complicada.

¿Por qué?

Entre otros motivos, porque cuando no vives con tu pareja os veis cuando os apetece. Cuando os viene bien. Si un día no estás de humor, puedes decir que se te ha complicado la tarde, que te duele algo, que tienes trabajo o que te ha surgido un compromiso familiar. Lo que sea.

Al convivir eso no es posible.

Los novios que no viven juntos se ven siempre bajo luces de escenario, como si fueran actores maquillados rodeados por el atrezo. Todo está preparado para la función «Una tarde en el cine», «Paseo al atardecer», «Cena romántica» o «Fin de semana fogoso en un hotel».

Vivir con alguien debería incluir esto, pero también hay momentos menos espectaculares que marcan la diferencia. Es el «cómo se hizo» de las películas. El oro se encuentra en el *backstage*. Una pareja es lo que es cuando los demás no la ven.

Al compartir tu vida empiezas a vivir escenas nuevas. Malos momentos. Discusiones sobre las tareas del hogar o sobre la economía doméstica. Comienzan a descubrirse defectos antes desconocidos o que pasaban desapercibidos. Uno quiere hablar cuando al otro le apetece ver una película, uno se muere por irse a dormir y el otro espera una noche loca de sexo desenfrenado.

Y claro, en esos momentos empiezan las tensiones.

Y las discusiones.

«Antes no discutíamos. Nos llevábamos muy bien. ¿Y si nos hemos equivocado?». ¿No has oído o dicho esto, o algo parecido, alguna vez?

La convivencia no es fácil. Pero casi siempre se complica de forma innecesaria.

La buena convivencia aporta una alegría increíble.

Pero la mala es un infierno que nadie debería soportar demasiado tiempo. O se arregla o se rompe. No hay otra.

Casi todos los problemas de convivencia tienen solución. Pero solo si ambos miembros de la pareja ponen de su parte. Parece lógico, pero es una de las principales dificultades que me encuentro en mis sesiones.

Si uno toma la iniciativa y el otro no lo apoya, el primero se acaba rebelando (y con razón) y pasa a criticar la actitud pasiva del otro: «¡Me mato para que esto funcione y tú pasas de todo!». Normal.

Cada miembro de la pareja sigue siendo un individuo, pero ambos deben luchar por un mismo objetivo: la salud de su relación.

Si solo lucha uno no hay nada que hacer, por mucho que este se esfuerce. Es como si alguien se preocupara siempre por tener la casa limpia y el otro se dedicara a ensuciarla y a dejarlo todo fuera de su sitio. No señor, no funciona así. Ni puede ni debe.

Si no reman los dos en la misma dirección, la pareja quedará a la deriva.

Si solo rema uno, este se llenará de rencor, se alejará o abandonará el bote.

Una pareja o es un equipo o pronto no será nada.

Laura me envió un correo electrónico en el que me pedía ayuda. Estaba hasta el moño de su novio de toda la vida. Llevaban quince años juntos, aunque ninguno pasaba de los treinta.

Me trajo incluso una lista de todos los problemas que generaba su convivencia. Eran los típicos: economía doméstica, discusiones por cualquier motivo, tareas del hogar, dejadez, exceso de rutina, etcétera.

Se lamentaba de lo mal que estaban en ese momento y de lo bien que se llevaban cuando no vivían juntos. Le pregunté cuánto hacía que compartían piso. «Seis meses», contestó. Glups.

Es muy frecuente. Tardar demasiado en irse a vivir juntos puede ser un problema. Es muy curioso pero de cada diez parejas que tengo en mis sesiones, ocho repiten este patrón.

No se trata de que comiences a compartir piso con tu pareja a las tres semanas de conocerla, pero tampoco tiene sentido que esperéis diez años. No se tarda tanto en saber cómo es el otro. Además, la única forma de conocer completamente a la otra persona es conviviendo con ella. Fin.

A veces, los problemas económicos dificultan la emancipación de la pareja. Parece una excusa razonable. Sin embargo, si la decisión de irse a vivir juntos se plantea con tiempo, será más fácil organizarlo. Ya hablaremos más adelante del dinero, otro de los 6 grandes obstáculos hacia la felicidad.

Mi primera pareja y yo vivíamos en un apartamento de cuarenta metros cuadrados en un tercero sin ascensor. Baratísimo (normal). Era más que suficiente para probar cómo sería la convivencia entre nosotros.

Sigamos con Laura. Su lista recogía más reproches que problemas. Estaba muy cabreada y resentida. Su humor se había agriado en los últimos meses y no se reconocía a sí misma. Manuel, su pareja, tampoco.

Concertamos nuestra primera sesión y nos pusimos a trabajar.

Me moría de ganas de conocer a Manuel. Seguro que tenía algo interesante que contarme. Y vaya si lo hizo.

Era un tipo tranquilo. Casi pasivo. Muy calmado. En los diez primeros minutos de sesión, Laura se dedicó a enumerar todos los fallos y faltas que él cometía. Laura le leyó la cartilla pero bien. Y en parte no le faltaba razón.

Él asentía y callaba. Cuando Laura terminó, le pedí a Manuel que dijese algo. Siguió en silencio, se encogió de hombros y ya está.

—¿Cómo te sientes, Manuel? —le pregunté.

—Estoy «agobiao» —contestó.

Peligro. Cuando alguien se siente agobiado o abrumado no tardará demasiado en evadirse de la fuente de negatividad que lo provoca para protegerse.

Es uno de los peores síntomas en la pareja.

¿Te ha pasado alguna vez? Pensar eso de «Ahora mismo me subía en el coche y me largaba de aquí». A mí sí... y en relaciones que no acabaron bien. Supongo que ves por dónde voy.

Por ejemplo, a Manuel a veces se le olvidaba guardar la leche en la nevera. Laura trabajaba todo el día fuera de casa. Cuando volvía y veía la botella en la encimera se sentía decepcionada y menospreciada.

Pensarás que es una tontería, pero espera y verás lo que conlleva.

Respecto a este tema, Laura sentenció: «Es un desastre. Siempre se lo deja todo fuera». En la primera frase lo descalifica y lo juzga. En la segunda, exagera y generaliza el comportamiento de Manuel.

Le pedí que intentase comunicarlo de una forma menos violenta. Al estilo del libro *Comunicación No Violenta* de Marshall Rosenberg, para mí el mejor autor sobre el tema. Por ejemplo así: «Cuando te dejas la leche fuera todo el día, siento que me menosprecias porque esa botella se echa a perder. Vale un dinero que no nos sobra y nos cuesta mucho ganar. ¿Puedes intentar meter la leche en la nevera después de usarla? Eso me haría sentir mejor. Pensaría que valoras el bienestar económico de nuestra pareja».

Manuel salió de su letargo y dijo: «No sabía que te molestara tanto. Y menos que era porque creías que me daba igual nuestra situación económica y nuestros planes de futuro. Tienes razón. Me esforzaré. Lo siento de verdad».

Es el «Me tienes hasta los cojones» versus el «Necesito que lo arreglemos juntos porque me importa nuestra relación y me importas tú».

Entonces ¿cuál es la clave para una buena convivencia?

Para mí, la principal es la comunicación.

Y te adelanto ya que el problema es la calidad de la misma, no la cantidad.

En uno de los mejores episodios de *Los Simpson* vemos que Homer está mirando la televisión. En un momento dado, él mismo comenta: «Todos los matrimonios se están viniendo abajo menos el nuestro. Y el problema es la comunicación... ¡demasiada comunicación!», y se ríe. Y no le falta razón.

Si quieres cargarte a una pareja que no sabe comunicarse solo tienes que pedirle a ambos que reserven un rato al día para hablar. Saldrán a pelea diaria.

Si me pusiera en el papel y la situación de Homer, diría lo siguiente: «Casi todos los matrimonios se están viniendo abajo. Y el problema es la comunicación... ¡la mala comunicación!».

¿Sabes cómo te comunicas con tu pareja?

¿Ella es consciente de cómo se comunica contigo?

Piensa en ello, es fácil pasarlo por alto.

Cuando ves cómo se comunica una pareja, todo cuadra. Jamás me he llevado una sorpresa en este tema.

En casi todas las charlas que imparto, me preguntan: «¿Las parejas felices son las que nunca discuten?».

Ni mucho menos. Además, ¿dónde están esas parejas? Nunca he conocido a una que no lo haga. Bueno, sí, las que están tan alejadas que ya ni siquiera discuten. Hazme caso en esto: elige la discusión antes que la evasión. Siempre.

Rollo May decía: «Lo contrario de "amor" no es "odio", sino "apatía"». Si una pareja está en modo apático, poco se puede hacer. Para llegar a ese punto tienen que haber pasado muchas cosas negativas y durante demasiado tiempo.

Por eso, lo primero que suelo preguntar es: «¿Cuánto tiempo lleváis así?». Ahí está la clave. Debes encarar y afrontar los problemas cuando aparecen, no cuando ya son tan grandes que no pueden manejarse.

Uno de los peores pecados en pareja es la omisión, la ceguera voluntaria. Hacer como que no pasa nada. Y no hablo de discutir por pequeñeces que se evaporan de lo insignificantes que son. Hablo de cuando sabes que algo está mal y decides ignorarlo. De aparcar una conversación incómoda para «cuando sea el momento».

Hay que hacer lo que hay que hacer, siempre, nos guste o no. Y no hacerlo puede llegar a tener terribles repercusiones.

Así que... sí. Las parejas felices también discuten. Pero lo hacen de manera que salen reforzadas tras cada problema. O, como mínimo, no terminan peor que antes.

¿Cómo os quedáis después de discutir? ¿Influye negativamente en la relación? ¿Queda rencor en el aire? ¿Solucionáis los problemas? ¿Temes discutir con tu pareja o deseas hacerlo para fortalecer aún más la relación?

Te prometo que te interesa responder con sinceridad a estas cuestiones. Todo será más sencillo a partir de aquí.

Muchas veces me preguntan si hay alguna señal negativa que deba atenderse de manera urgente. Una señal que dé a entender que la convivencia no va bien. Que la relación está en peligro.

Sí la hay. En realidad, varias. Una es el sexo.

Otra, que tiene que ver con este capítulo, es el lenguaje desdeñoso. ¿Qué es eso? Gottman lo explica así en su libro *7 reglas de oro para vivir en pareja*: «El sarcasmo y el escepticismo son formas de desprecio. Lo mismo puede decirse de los insultos, el gesto de poner los ojos en blanco, la burla y el humor hostil».

Me consta que a mucha gente le gusta el sarcasmo. A mí también.

Pero cuando es una constante —y además viene por parte de tu pareja—, agota. Y pronto empieza a molestar. Al final, acaba por doler.

«Está todo el puto día tirándome coñas, pullitas. Estoy harta», me comentaba una clienta hace un tiempo. Su pareja decía que él siempre había sido así y que antes no le molestaba. Ella acababa con un razonable «Sí, un poco me hace gracia, pero todo el día y todo el tiempo cansa». Equilibrio, porque todo en exceso tiende a ser malo.

Puedo prever las parejas que van a romper incluso cuando no son clientes míos. Solo necesito observar su lenguaje no verbal y el tono con el que se hablan. Nunca falla.

La escena más típica es cuando, entre amigos, uno de los dos dice algo que no viene a cuento sobre un comportamiento del otro que le molesta desde hace tiempo. Acto seguido, el que recibe el ataque se queda con cara de: «¿A qué viene esto?».

Entonces quienes presencian la situación comienzan a sentirse incómodos, miran hacia otro lado e intentan cambiar de tema o hacen como que tienen que irse. ¿Sabes a lo que me refiero?

Si en tu pareja ha aparecido este tipo de idioma, enciende todas las alarmas. Estará más que justificado.

En el lado opuesto tenemos a las parejas que usan un idioma o lenguaje adecuado.

Siempre son asertivos y empáticos. Piensan lo que van a decir y saben cómo se sentirá la otra persona cuando lo hagan. Pueden hablar de todo. Son conscientes de que, junto a su pareja, podrán solucionar cualquier problema.

Nunca hablan mal de sus parejas. Son claras y específicas al transmitir sus sentimientos y necesidades.

Realmente escuchan. Se aseguran de comprender lo que dice el otro y de que este entienda lo que intentan comunicar. Se hacen cargo de las necesidades no cubiertas de la otra persona.

No sueltan indirectas ni hablan de forma que el otro tenga que leer entre líneas.

No juzgan ni crean problemas innecesarios.

Su comunicación es la mejor arma y herramienta posible para perdurar en el tiempo de forma feliz y plena.

Son capaces de rebajar la tensión con una broma de buen gusto.

La pareja que se encuentre en este nivel no echará a perder la relación. Nadie renunciaría a tanto oro.

En YouTube hay un vídeo glorioso de una pareja joven en una discoteca. La chica está enfadada. El chico se levanta y se le acerca. Ella le pone la mano en el pecho para pararlo y él hace algo increíble y genial: actúa como si la chica le hubiese pulsado el «botón de bailar» y se pone a menear el esqueleto a lo grande. Como si no pudiese parar. Ella se gira indignada, pero en menos de dos segundos rompe a reír. Siguiéndole la broma, como si se muriese de vergüenza, se esconde bajo una mesa mientras él sigue bailando a toda máquina.

A este tipo de cosas me refiero.

Antes he dicho que otra gran señal de peligro en la pareja son los problemas sexuales. Allá vamos. Prepárate.

Sexo

Pese a que la relevancia del sexo en una relación es obvia, creo que no se le da la importancia que merece. Por sí solo, no es suficiente para mantener unidas a dos personas, pero para que estas sigan juntas es vital que el sexo satisfaga a ambas partes.

Cada persona funciona de una manera respecto al sexo. Las hay, por ejemplo, más sexuales que otras. Algunas necesitan tener relaciones a diario y otras, con hacerlo una vez a la semana les basta. Si dos personas así de distintas formaran una pareja acabarían teniendo serios problemas tarde o temprano. Con toda probabilidad acabarían separándose.

Cuestiones como esta pueden averiguarse pronto, no hace falta salir tres años con una persona para darse cuenta de una incompatibilidad de tal calibre.

Hablando de esto: ¿sabes cómo eres tú en este aspecto? ¿Cuántas veces necesitas hacerlo al mes aproximadamente? ¿Y tu pareja? ¿Y las anteriores?

Como ya he dicho, la buena salud sexual no garantiza la supervivencia de la relación. Pero sí es imprescindible.

Todas las parejas con problemas que me han pedido ayuda tenían dificultades en este campo. Casi nunca era el tema principal por el que acudían a mí, pero aparecía como un daño colateral.

El sexo supone la última barrera hacia la intimidad. Hacia la máxima confianza. A todos los niveles, te desnudas delante del otro. Te muestras vulnerable y te acercas físicamente más de lo que dos personas puedan llegar a estar en otro momento. Es maravilloso. Especial. Único.

Si falla, duele. Y mucho.

Te sientes poco deseado, desplazado, con baja autoestima, incomprendido, desatendido, ignorado e insatisfecho.

Además, existe un vaso comunicante claro: las dificultades con el sexo provocan problemas en otros aspectos.

Y estos producen dificultades en el sexo.

Las parejas que se llevan muy bien suelen tener una vida sexual plena. Y viceversa. No te costará pensar en tus relaciones pasadas y observar esa tendencia.

Ahora piensa en ti. ¿Te satisface tu vida sexual? ¿Qué podrías hacer para mejorarla, aunque sea solo un poco? ¿Y tu pareja? ¿Sabes si está satisfecha? ¿Por qué no le echas agallas y le preguntas? Recuerda, es mejor una conversación incómoda que no tratar los problemas y dejarlos sin resolver.

Como he dicho, en este tema la comunicación es vital. Pocas parejas pueden hablar sobre sexo. No confían tanto el uno en el otro. No pueden transmitir sus necesidades. Lo que les gusta. Sus preferencias. Sus carencias.

¿Podrías tener una conversación así con tu pareja? ¿La has tenido con tus relaciones anteriores?

Quizá no lo hagas porque temes hacer daño al otro. El problema es que, por ese miedo, te arriesgas a acabar hiriéndole más el día de mañana. Porque no puedes pasar demasiado tiempo insatisfecho. Pronto aparecerá una tercera persona o la relación se romperá.

Si amas a tu pareja y quieres seguir a su lado debes cuidar vuestra vida sexual. Y eso incluye hablar sobre ello. Comunicarse. Preguntar. Responder.

El orgullo debe quedar fuera.

Sed humildes, generosos y cálidos. Así, podréis hablar de cualquier cosa. Y progresar. Avanzar.

Un caso muy interesante fue el de Sofía. Había conocido a un hombre en una obra de teatro. Hablaron un rato y se intercambiaron los teléfonos. Al día siguiente, sin haberse llamado, se encontraron en una biblioteca. Les pareció una señal. Fueron a tomar un café y hablaron de todo. Coincidían en muchos aspectos. Al poco tiempo empezaron a salir y meses después pasaron su primera noche juntos en un hotel. Y no fue bien.

Se lo tomaron con filosofía, incluso con humor, y siguieron quedando, pero cada noche terminaban igual. No había química. No conseguían descubrirla.

Cuando Sofía habló conmigo se mostró decepcionada porque pensaba que había encontrado al hombre de su vida. Lo probamos todo, pero seguían sin funcionar. No se atraían de esa forma.

«El hombre de tu vida, como tú lo llamas, debería excitarte sexualmente, Sofía», le expliqué.

Ya lo afirmaba la niña de la fantástica película *500 días juntos*. En un momento dado, le dice al protagonista, Tom, que no es suficiente con que a ambos les gusten las mismas cosas. Hace falta algo más.

Sofía me preguntó si no podría vivir dejando el sexo a un lado, como si fuera algo secundario. Le respondí que era libre de probarlo, pero que creía que no.

Lo intentó. Hay cosas que es mejor descubrirlas por uno mismo. Pero, como era de esperar, no funcionó.

Siguen siendo muy amigos. Cada uno tiene su pareja, son muy felices y de vez en cuando quedan los cuatro. Nunca se sabe cómo se acabarán colocando todas las piezas del rompecabezas.

No restes importancia al sexo. Aprende a sentirte cómodo hablando de ello con tu pareja.

En mis sesiones, a veces hemos solucionado este conflicto al preguntar a las dos partes cuál era su momento favorito para mantener relaciones. Recuerdo un caso en el que él prefería por la mañana temprano, al despertar, algo muy común entre los hombres. A ella le daba igual, pero como está más normalizado y aceptado que lo ideal es por la noche, antes de dormir, lo intentaba entonces. Él de noche estaba muy cansado y quería dormir. ¿El resultado? Negativas de él y frustración de ella. Les propuse que se buscaran mutuamente por la mañana y que dejaran las noches, por norma, para otras cosas.

Con el cambio que introdujimos respecto a los horarios, poco a poco su vida sexual volvió a gozar de una vitalidad, calidad y frecuencia que satisfacía a ambos.

Sin comunicación, no hubiera sido posible. ¿No te parece un poco ridículo que no supieran este dato? Pues más de la mitad de las parejas no lo sabe.

Lánzate. Atrévete a hablar de sexo de forma clara, concisa y concreta. Te aseguro que tu pareja responderá a tu iniciativa. Ambos ganaréis, y el precio que deberéis pagar será una ligera incomodidad inicial y quizá algo de vergüenza. Respóndeme: ¿cuándo fue la última vez que hablasteis abierta y constructivamente sobre sexo?

Debes confiar en tu pareja al cien por cien, y eso incluye el sexo. Comunicaos con amabilidad. Todos tenemos alguna inseguridad, hay que ser comprensivo y tener tacto. Mucho.

Si quieres acabar de matar tu vida sexual en pareja solo tienes que soltar un reproche del tipo «A este paso me tocará más el ginecólogo que tú» o «Creo que mi padre tiene más vida sexual que yo». Ya ves por dónde voy.

¿Hay que ir con pies de plomo? Sí.

¿Mejor callarse que provocar un conflicto? No. Esfuérzate en hablar sin provocarlo. Prefiero que mi pareja me diga cómo le gusta el sexo a que, ante su pobre disfrute, pierda las ganas de hacerlo conmigo.

¿No te parece mejor opción? Dale dos vueltas.

Plantéate qué temas quieres hablar con tu pareja, reservad un momento tranquilo, abrid una botella de vino y charlad. Hoy mismo. Ofrécele una red para que se anime a saltar y pueda tratar contigo sus dudas. ¿Por qué no? ¿Tienes una opción mejor?

Cuida este aspecto de tu vida. Si lo haces, estarás cuidando a tu pareja. Y a ti.

Esfuérzate. Pensarás que es algo que tendría que salir solo, sin forzarlo..., pero no funciona así. Lucha. Trabajad juntos. Admite que no lo sabes todo. Tu pareja tampoco lo sabe.

Descubríos. Conoceos.

Pasadlo bien y reíos mucho con esto.

Tened paciencia y aprended todo lo que podáis.

Y disfrutad.

Déjame hablarte ahora de un tema sobre el que se suele debatir mucho: la amistad en la pareja. Quizá alguna vez hayas oído quejas como esta: «Éramos más amigos que novios». Por eso mucha gente se pregunta si en una pareja tiene que crearse una relación de amistad. Sigo encontrándome esta confusión a menudo así que vale la pena incluir algo al respecto en este libro. Vamos allá: la amistad en las parejas.

Amistad

John M. Gottman asegura que «los matrimonios felices están basados en una profunda amistad donde los cónyuges se conocen íntimamente, conocen sus gustos, la personalidad, las esperanzas y sueños del otro. Estos matrimonios o uniones felices también muestran una enorme consideración el uno por el otro y expresan su amor, no solo con grandes gestos sino con pequeños detalles cotidianos».

Estoy de acuerdo. Se nota muchísimo cuando los dos, además de pareja, son amigos.

Muchos piensan que la pareja es la pareja y que los amigos son los amigos. Como siempre, se critica lo que no se conoce o lo que no se ha sabido conseguir.

Puedes y debes tener amigos más allá de la pareja. Pero con ella también puede y debe unirte una relación de amistad.

¿Te lo pasas bien con tu pareja?

¿Tienes ganas de verla?

¿De llegar a casa?

¿De hacer algo juntos?

¿Te diviertes con ella?

Contesta a estas preguntas. Puede que nunca te las hayas planteado. Respóndelas también por tu pareja, o pídele que lo haga. Quizá sea el primer paso para reforzar vuestra relación. Mira a tu alrededor. No encontrarás a una pareja feliz que no comparta una gran amistad. No falla.

Los que dicen «Somos como compañeros de piso o como amigos, ya no parecemos novios. Vivimos juntos pero apenas hablamos», no tienen un problema con la amistad. La relación no se les está muriendo porque sean «como amigos», si lo fuesen de verdad, no vivirían así.

Los buenos amigos te apoyan. Están cuando los necesitas. Pase lo que pase.

Los admiras, te admiran. Tienes toda su confianza y ellos la tuya.

Te sientes seguro a su lado y ellos también al tuyo.

Una mirada o un gesto y ya sabes si les pasa algo.

Conoces sus secretos, y los protegerías con tu vida. Te alegras cuando les va bien y estás ahí cuando tienen problemas.

No los juzgas, y los perdonas con bondad y facilidad.

Eres bueno con ellos y ellos contigo.

Su presencia te reconforta. Estar con un amigo es como volver al hogar tras una odisea. Descansas junto a él. En él.

Un amigo sabe cosas de ti que no sabes ni cómo las sabe.

Como decían en la película *RocknRolla*: «Tiene el don de saber en qué parte de la espalda necesitas que te rasquen».

La amistad es uno de los mayores regalos de la vida. ¿No querrías compartir el resto de tu vida con tu mejor amigo? ¿Con tu alma gemela?

Pues bien, tu pareja podría llegar a serlo. ¿A que suena bien?

Repito: cuando alguien dice que se ha separado de su pareja porque eran solo amigos, no cuenta toda la verdad.

Con probabilidad eran como compañeros de piso «reguleros»,

tirando a malos. Pero no amigos. Los amigos buscan soluciones. No pasan el uno del otro. No soportarían estar peleados ni consentirían que algo rompiera su amistad.

En definitiva: **cuanto más fuerte sea vuestra amistad, más fuertes seréis como pareja.** Dale prioridad absoluta a esto.

La siguiente parada en el camino no es tan bonita, pero hay que explicar un par de puntos clave. Te hablaré de las infidelidades, tema peliagudo donde los haya, pero sobre el que se dicen muchas cosas incorrectas e incluso falsas.

Infidelidades

Empiezo fuerte: **las infidelidades no suelen ser el motivo de las rupturas, sino un síntoma.** Una repercusión. La consecuencia de algo anterior.

No las excuso, ni mucho menos, pero es la realidad. Casi todos los estudios señalan que son la primera causa de separación. Estoy de acuerdo, pero solo en parte.

Tengo la experiencia profesional y el conocimiento suficiente como para saber que todas las parejas con esta problemática ya fallaban antes.

En una pareja sana y feliz, es altamente improbable que aparezca este tipo de traición.

Es tan poco común que no merece mucho la pena hablar sobre ello.

¿Puede aparecer una tercera persona aunque la pareja funcione? Sí, pero la probabilidad es bajísima. Mística, diría. Tendrás que asumir ese pequeño riesgo.

Pero películas aparte, no suele pasar.

Quizá pienses que lo que se persigue con una infidelidad es sexo, pero por norma, no es así. Gottman indica que lo que en realidad se busca es atención, interés, amistad, apoyo, comprensión, respeto y cariño. Vaya, justo lo que debería ofrecer la pareja.

Recuerdo bien la noche que Fran contactó conmigo. Yo a esas horas nunca cojo el teléfono, pero estaba esperando una llamada de un número que no tenía guardado en la memoria. Sonó el móvil y respondí. Tuvo suerte. Era un chico joven y se le oía llorar desconsolado.

Entre sollozos, me contó desesperado que su novia le había pillado siendo infiel y lo había abandonado. Necesitaba mi ayuda de manera urgente.

Accedí. Primero intenté calmarlo y luego le di un par de indicaciones para que pudiera pasar la noche y quedamos a la mañana siguiente a primera hora.

Me contó el suceso. Lo culpable que se sentía y lo mucho que se arrepentía. También me dijo que quería recuperar a su novia.

Le pregunté cómo era su relación antes de la infidelidad. Tal como imaginaba, hacía aguas por todas partes. Un desastre.

Le pedí que se cogiese una semana libre para pensar.

Que, culpabilidad aparte, decidiese si quería volver con su pareja.

Siete días después, tuvimos otra sesión. Estaba mucho más calmado. Comprendió que en realidad no quería volver con ella, que solo deseaba resarcirse reparando el daño causado.

Delante de mí, llamó a su ex, le pidió perdón y se separaron de forma definitiva.

Lo importante de la infidelidad no es el hecho en sí, sino qué la ha causado. Ahí es donde hay que mirar.

Por último, quizá te preguntes: ¿debo perdonar una infidelidad?

Eso depende de ti. De tus valores. Creo que hay que perdonar siempre, pero también hay que diferenciar entre el perdón y la reconciliación. En mi caso perdonaría, pero no seguiría con esa persona. En todo caso no hagas como esos que dicen perdonar y no lo hacen. He visto a gente que ha «torturado» a la persona que fue infiel. Se lo ha hecho pagar pero bien. No tiene sentido seguir adelante con alguien a quien le tienes un rencor que no consigues superar.

Vaya, ha sido un capítulo duro. He intentado sintetizarlo para que fuera más suave. *A priori*, el siguiente es más amable pero también es un punto crucial en la vida de cualquier persona y, por supuesto, en la de una pareja. Próxima estación: los hijos.

Los hijos

Para mí, ser padre es la experiencia más trascendental de la vida. La paternidad es, de largo, lo que más me llena. No hay palabras que me permitan acercarme a lo que siento como padre. A lo que viví cuando nacieron mis dos hijos. A lo que aún hoy noto cuando los miro, los abrazo, hablo con ellos o me llaman «papá».

Ser padre es lo que más me gusta ser.

Completó el círculo de mi vida y terminó de darle sentido.

Los nacimientos de Christian y Cleo fueron los dos mejores días de mi vida. A mucha distancia del tercero.

Me encanta la paternidad. Todo. Me gustó incluso pasar noches en vela cuidando de mis hijos cuando eran bebés.

Sabía que sería así porque deseaba ser padre con todo mi corazón. Sentía que había nacido para eso. Tenía muy claro a lo que me enfrentaría. Lo había pensado mucho y durante bastante tiempo, incluso antes de encontrar pareja. Nada de lo que sucedió después me pilló por sorpresa. Ni lo bueno ni lo no tan bueno.

Pero no todo el mundo lo tiene tan claro. Al menos no de una forma realista. Es habitual idealizarlo, montarse una película que no tiene en cuenta todo lo que supone la paternidad.

Generas una preciosa imagen mental nocturna en la que duermes junto a tu bebé, pero no incluyes las noches en las que no cierras los ojos más de dos horas seguidas.

Te imaginas sentado en una butaca con tu hijo en brazos mientras miras los pajaritos por la ventana, pero no piensas en los días que pasarás sin poder sentarte tranquilo ni diez minutos seguidos.

Visualizas largos paseos en paz, pero no contemplas la fatiga que acumularás en los primeros meses... o años.

Un hijo trae bajo el brazo un montón de momentos geniales e increíbles que se pagan con otros que no molan tanto. Esa es la verdad.

Hazte una imagen completa. Que no solo incluya la parte que te apetece.

La verdad es que ser padre es maravilloso, pero también extenuante. Para mí compensa, pero es algo que deberás tener en cuenta antes dar el paso definitivo e irreversible.

En la mayoría de los casos, esta elección afecta a la pareja. El cansancio y la falta de sueño provocan una fuerte susceptibilidad y una mayor irritabilidad. La reducción de intimidad y de tiempo en pareja puede provocar un alejamiento paulatino, pero sin freno. El deseo por ser unos padres perfectos hace que crezca la presión, por no hablar de la probabilidad de que aparezca la depresión posparto en la madre.

Por esto, con demasiada frecuencia, lo que debería ser una época de auténtica y duradera alegría y paz corre el riesgo de convertirse en una etapa de problemas, conflictos y decaimiento de la pareja.

No me extraña que haya tantas rupturas tras el nacimiento de un hijo.

Sé lo que es. A mí me pasó justo esto.

Si tú y tu pareja os planteáis tener un hijo, debéis estar convencidos no solo de que ambos queréis, sino de que sabéis a qué os enfrentáis. Que conocéis las dos caras de la paternidad.

La preciosa y la menos bonita.

Por ejemplo: cuando lo tienes en brazos y se duerme en paz. Y cuando se retuerce como un gato rabioso.

Cuando duerme en la cunita y se te cae la baba. Y cuando son las cuatro de la madrugada y sigue despierto.

Cuando se tira un pedete y mueres de amor. Y cuando llena el pañal de una pestilente masa nuclear.

Cuando os echáis una siesta de verano después de comer. Y cuando no duermes en toda la noche. Literal.

Cuando le cantas una canción. Y cuando ya llevas tres horas haciéndolo.

Todo eso y mucho más es la paternidad.

Las dos caras.

Si no tienes un buen motivo para ello, lo pasarás mal. Y la relación sufrirá. Es así.

Si te planteas tener hijos, el mejor consejo que puedo darte es que te lo pienses muy bien. Que veas todo el cuadro. Que no idealices la paternidad. Que lo contemples como lo que es: lo más maravilloso de la vida, pero también una responsabilidad brutal.

En mi trabajo, a las parejas que acaban de ser padres les aconsejo que se ayuden muchísimo. Que no intenten ser perfectos. Que lo hagan lo mejor posible y se contenten con eso. Que no se exijan más de lo que se le puede pedir a un ser humano. Que se apoyen cuando uno de los dos flaquee. Que pidan ayuda cuando la necesiten. Que sean conscientes de sus limitaciones. Que formen equipo. Que se comprendan. Que lleguen a acuerdos. Y, por último, que recuerden que siguen siendo una pareja aunque ahora también sean padres. Que dentro de la familia sigue habiendo unos «novios» que se necesitan.

«Mi vida seguirá siendo igual», dicen.
Qué más quisieras. Olvídate de eso.
La vida cambia. De la noche a la mañana.
Todo es distinto. Absolutamente todo.

Ya queda poco para terminar este obstáculo hacia la felicidad. Quizá el siguiente sea el capítulo más duro: las rupturas. Casi todos pasamos por ellas. Es uno de los temas por los que más me contratan. Vamos.

Rupturas

Aunque lo hagas todo bien, puede que tu relación no funcione. Como digo siempre: «No tenía que ser».

Y no pasa nada. No se acaba el mundo. La vida sigue.

Son tres frases que nadie que acabe de separarse quiere oír. Pero un día descubres que son ciertas.

Las rupturas no son algo malo en sí. ¿Te imaginas que nos tuviéramos que quedar con la primera pareja que elegimos? Qué arriesgado. Es difícil acertar en estas cosas a la primera.

Que conste que algunos, aunque pocos, lo consiguen. Pasar una vida feliz y plena con la primera pareja suena tan romántico como ideal. Pero cada vez es menos común. Y tampoco es imprescindible para ser feliz en pareja. Quizá pienses que, tras cada ruptura, todo queda un poco más feo, corrompido, menos puro. Pero no tiene que ser así. Puedes aprender mucho de cada relación. Depende de la lectura que hagas y de lo que seas capaz de extraer de ella.

Sea como sea, lo cierto es que una ruptura duele. En ocasiones, muchísimo. Y así debe ser. ¿Te imaginas que tu pareja te deja y no sientes nada? Sería muy preocupante. En cualquier caso, haz las cosas bien. Tanto si te dejan como si eres tú quien deja al otro.

Existen varios errores comunes en los que casi todos hemos caído o corremos el peligro de caer en el futuro. La mayoría pertenecen al ámbito de lo que pasa tras la ruptura, pero hay uno previo: no dejar a la pareja a tiempo. Alargar la relación cuando ya no quieres estar en ella.

No me refiero a cuando lo ves jodido, pero intentas salvar los muebles. Hablo del momento en el que lo has intentado todo pero ves que no hay futuro y, aun así, no te atreves a dar el paso, el paso de terminar con la relación.

¿Y por qué es un error?

En primer lugar, porque supone un engaño. Segundo, porque no permites que la vida de tu pareja siga desarrollándose en otra parte. En tercer lugar, porque no permites que la tuya también lo haga. Y por último, pero no menos importante, porque en esa fase la convivencia es un horror. Las faltas de respeto y consideración son habituales. El ambiente se tensa hasta el límite y se hacen y dicen cosas que después se pueden llegar a lamentar durante mucho tiempo.

Es lo que me sucedió en mi primera relación. Creo que fui una buena pareja. Ella también. Pero por una serie de circunstancias, todo empezó a hundirse. Yo quería dejarlo, pero ella me daba pena. A veces ella me preguntaba si quería acabar con todo aquello y yo, acobardado, le mentía con un «No, no, qué va, para nada».

Nadie se merece que estén con él o con ella por pena. Jamás.

En la época en que no me atrevía a dar el paso empezamos a hablarnos peor. La frialdad es muy triste. El distanciamiento se acercaba a la apatía. En ocasiones, la falta de tacto rayaba en la crueldad.

Tras la ruptura, pasé mucho tiempo atormentado por culpa de aquellas situaciones. Llegué a disculparme por las veces que no había estado a la altura. Aunque ella me perdonó, seguí sintiéndome fatal.

Hasta que no me perdoné, no me deshice de esa angustia. De los remordimientos. De la culpabilidad.

Entendí que alargar una relación en la que ya no crees es un error cruel, cobarde y egoísta. E injusto. Yo odiaría que alguien estuviese conmigo por pena. Y como yo, todos. Tú también. En consecuencia, no se lo hagas a nadie. No puedes estar con alguien por pena o porque no te atrevas a dejarlo.

Además, eso es pura vanidad y ego. ¿Crees que eres imprescindible? ¿Crees que el otro no lo va a soportar? Llegados a este punto, ¿puedes plantearte que quizá tu pareja encuentre a alguien mejor que tú? En realidad, nadie es imprescindible. No hay nadie tan bueno como para ser indispensable. Ni tú, ni yo. Nadie.

Por tanto, **todas las rupturas se superan o, como poco, pueden superarse.**

Frases como «Nunca podré superarlo», «Era la mujer de mi vida», «Jamás encontraré a nadie como él» o «Siempre la echaré de menos» son mentira. Y ya está, qué demonios. Bueno, quizá no lo sean cuando se dicen, porque se sienten. Yo también he dicho algunas de ellas. Pero tarde o temprano el tiempo y la vida las desmontan. No aguantan el paso firme y constante de la vida.

Y ahí está el siguiente gran error. Aparece después de romper, cuando te dejan, y tiene que ver con lo que te dices. ¿Recuerdas el capítulo «La relación contigo mismo»? Pues sigue leyendo.

Cuando te dejan, te dices frases que no usarías con un hijo si rompiera con su pareja. Imagínatelo. Tu hijo viene llorando porque lo ha dejado con la novia y tú vas y le sueltas: «Ay, Pepito, la has cagado... Era la mujer de tu vida, ¿sabes? Y se ha ido para siempre. Nunca encontrarás a otra como ella. Esta historia te dolerá hasta que te mueras. No sé cómo podrás vivir a partir de ahora. Jamás superarás esta mierda. Todo irá a peor, ya lo verás».

Si le dices eso, lo matas. Fijo.

Pero nunca lo harías. Y menos a alguien a quien amas.

Entonces... ¿por qué te lo dices a ti cuando te dejan?

Tras una ruptura, eso es lo que yo llamo ponérselo difícil.

Ponerte palos en las ruedas de tu bicicleta.

Tienes derecho a hacer un poco de drama, lo admito. Pero no creo que instalarte en él demasiado tiempo te convenga a ti o a tu futuro.

Escribe una lista de lo que haría que te costase más superar una ruptura. Sí, lo has leído bien. Podrías llamarla «Top 10 de lo que tengo que hacer cuando me dejen para hundirme en la mierda». Cuando la tengas, cambia el título: «Top 10 de lo que no tengo que hacer tras una ruptura».

Te ayudará si un día pasas por algo así.

También podría servirle a alguien.

Debes permitirte pasar página. Es una de las situaciones más habituales en mis sesiones.

Hay personas que, tras una ruptura, siguen sintiendo algo por su expareja y, de una forma u otra, continúan manteniendo un vínculo con ella. Es como si no quisiesen aceptar que se ha acabado.

Hay niveles: depende del contexto, de cómo haya sido la ruptura y de cada uno.

Hay quien consulta las redes sociales del otro o entra en WhatsApp para ver el estado de su cuenta e intenta buscarle un sentido oculto o un mensaje subliminal.

Hay personas que preguntan constantemente por el otro a amigos y contactos comunes.

Otras se pasan el día poniendo las canciones que escuchaban juntos o mirando sus películas favoritas.

Pero también las hay que se presentan en el puesto de trabajo de sus exparejas. Que mandan un centro con cien rosas, una por cada mes juntos.

Que se pasean por lugares donde creen que pueden encontrar al otro para luego decir aquello de «Oh, qué sorpresa encontrarte por aquí».

Y los hay que siguen quedando o manteniendo relaciones sexuales.

Todo esto hace que se tarde más en pasar página. En empezar una nueva vida.

¿Alguna vez lo has hecho? ¿Qué piensas ahora de ello?

Muchos estudios apuntan a cien días como el tiempo necesario para empezar a superar una ruptura. Algunos se empeñan en convertir esos cien en mil.

Pedro se pasaba el día mirando fotos antiguas en las que salía con su ex. Y no se limitaba a eso, sino que se las mandaba a ella por correo con cartas de amor e intentos de reconciliación.

Silvia iba cada día al restaurante en el que solía comer con su ex para ver si coincidían «por casualidad».

Marc llevaba un tatuaje con el nombre de su ex. En vez de tapárselo o no mirárselo tanto, le pareció buena idea añadir debajo la frase «siempre te querré, hasta la muerte».

Claudia rompió su hucha y le regaló a su ex la moto para la que había estado ahorrando. Lo tenía pensado para su décimo aniversario. Él, con bastante desfachatez, al cabo de un tiempo comenzó a subir fotos a Instagram con la moto y su nueva novia encima.

Dices que quieres pasar página.

Pero no es así.

Como siempre, lo que haces pesa más que lo que dices.

Como mentor, no cojo cualquier caso. Con el tiempo he descubierto que hay quienes quieren superar sus problemas y otros que solo dicen que quieren.

Solo los primeros tienen posibilidades de éxito.

Quien quiere pasar página no se aferra con todas sus fuerzas a ella. Hace lo necesario para avanzar. Para seguir.

Te puedes mentir, pero a la vida no la engañas.

Al paso del tiempo, tampoco.

En mis charlas y en los directos en redes sociales me preguntan muchísimo si no se puede mantener la amistad con una expareja.

La respuesta es que sí... mientras no haya sentimientos románticos de por medio.

Tras una ruptura, la amistad suele usarse como una excusa para quedar bien (el que deja) o para no desaparecer del todo (el dejado).

Hace poco le decía a un cliente: «Ser su amigo te importa tres pares de pelotas». «Es cierto, no sé por qué me engaño», me contestó. Pues porque es lo más fácil, aunque no lo más conveniente.

Hay que deshacerse de los autoengaños. Llama a las cosas por el nombre más específico y conciso posible. Una vez más, hay que hacer lo que hay que hacer. Aunque te duela. Aunque no quieras.

Luego, el tiempo dirá. Cuando todo se enfríe lo suficiente como para ver si la amistad es solo amistad o es también otra cosa.

Pero eso es secundario. En una ruptura hay aspectos más importantes. Acéptala y haz lo necesario para superarla.

No tengas prisa. No te presiones ni quieras que suceda lo que no tiene que suceder.

Si lo haces bien, en un tiempo normal todo habrá acabado.

Además, si te esfuerzas, adquirirás algunas herramientas buenísimas de cara al futuro. Quizá un día agradezcas esa ruptura.

Parece una contradicción, pero no considero que las rupturas sean una cuestión personal contra el otro.

No tienes que sentirte menos válido porque alguien te haya dejado. Solo significa que con esa persona... no podía ser.

Es como cuando devuelves un regalo de Navidad porque no te acaba de gustar. Vuelven a colocarlo en las estanterías de la tienda y un día alguien, encantado y agradecido, lo compra. Y lo disfruta.

No vale menos porque lo hayan devuelto.

Solo que no estaba en el lugar adecuado. En el que le correspondía.

Menos mal que lo devolvieron.

A veces, las rupturas son necesarias para que todo acabe en el lugar que le corresponde. Para romper uniones que no tienen futuro. Y posibilitar las que sí lo tienen.

Pero no pretendas que no te haga daño.

Ni tampoco pienses que dolerá siempre.

Ha llegado el final de este obstáculo. He preparado un cierre especial para que tengas en cuenta un par de consejos de ahora en adelante. Puede que te sirvan, aunque espero que no llegues a necesitarlos. Significará que todo te va muy bien.

Pero uno nunca sabe lo que le depara el futuro.

Mejor estar preparado. Ser fuerte.

Cierre

El mundo de las parejas es único. Complejo, tanto que no hace falta complicarlo más.

Tienes que saber elegir. Y asegurarte de que el otro también te ha escogido bien.

Conoceos en profundidad. Continuamente.

Jamás pretendas ser quien no eres. No tiene sentido que aparentes ser otra persona para gustar más. Tarde o temprano, el telón caerá. Y tú con él.

Hay que remar junto con tu pareja... por ella. Y por los dos.

Cuidad vuestra vida sexual. No caigáis en la rutina donde parece que se hace el amor «porque ya tocaba».

La confianza debe ser total. Uno debe descansar en su relación, aunque hay que esforzarse en todo momento.

La amistad es innegociable. Si no la tienes con tu pareja, cada problema que surja os debilitará hasta que un día os deis cuenta de que la relación está abocada al fracaso. Existe un punto de no retorno en el que no puede hacerse nada por salvarla. Es lo que Luis Landero llamó con acierto «un flechazo al revés» en su genial novela *Lluvia fina*.

Tómatelo en serio. Esfuérzate. Trabaja en la relación. Al fin y al cabo, estás eligiendo la compañía que quieres para el resto de tu vida. Si deseas tener hijos, estás eligiendo a su madre o a su padre. ¿No es algo suficientemente grande?

Como he dicho al principio del capítulo, no hay decisión más importante en la vida que saber quién quieres que sea tu pareja el resto de tus días, si es que decides tenerla.

Ahora cambiamos de escenario, aunque no de teatro. El siguiente obstáculo se refiere a la relación con los demás: la familia, la familia política, los amigos, los compañeros de trabajo, etc. Voy a echarte un cable también en esto. Es importante ya que nuestra vida está unida a la de otros. Vamos.

LA RELACIÓN CON LOS DEMÁS

Tras trabajar el capítulo «La relación contigo mismo» y poner orden a tu vida sentimental al hablar sobre la pareja, es el momento de hablar sobre la relación que tienes con las otras personas que conforman tu vida.

Tienes padres, quizá hijos, también tíos, primos, amigos, compañeros de trabajo, conocidos, cuñados, suegros y, por supuesto, formas parte de una sociedad que, de una forma u otra, te influye.

Cuando no sabes lidiar con estas relaciones aparecen los problemas. Estas dificultades pueden alterar tu cuidado mundo interior, por apañado que lo tengas. Y sí, pueden arrebatarte parte de tu felicidad.

En algunos libros de autoayuda he leído que «nadie puede hacerte infeliz», que eres tú el que se provoca esa infelicidad a través de la conducta de los demás. Aunque en parte es cierto, esta afirmación me resulta vaga y ambigua. La verdad es que existen personas que disfrutan haciendo la vida imposible a otras. En casos así, no puedes manejar el asunto solo en el interior. **Algunas relaciones personales necesitan de una profunda revisión y un paquete contundente de medidas.** Otras, lo que necesitan es un punto final.

El juego de las relaciones con los demás se practica en dos mundos, el interior y el exterior. Si intentas manejarlo solo desde uno de los dos acabarás perdiendo el control y, por lo tanto, la partida.

¿Con quién —que no sea tu pareja o tú mismo— mantienes un conflicto? ¿Por qué? Tenlo en mente durante la lectura de este capítulo. Si lo he hecho bien, poco a poco todo te irá cuadrando. Quizá hasta podamos ponerle remedio juntos.

Es muy raro que alguien contrate mis servicios como mentor y su historia o problema no incluya a otra persona.

Los problemas de pareja se sitúan en el número uno, pero el círculo de amistades, la familia, la familia política y la relación con la sociedad son problemas comunes que afectan a muchas personas. Han sido y son temas muy presentes en las sesiones con mis clientes.

De nuevo, la comunicación es un problema letal. Tanto la ausencia de ella como su exceso o mal uso.

La falta de imposición de medidas (o límites) es otro de los mayores errores, seguido por el empecinamiento en continuar incluyendo en nuestras vidas a personas que no nos convienen o con las que no somos compatibles.

La necesidad de aceptación, la voluntad de encajar y la búsqueda de validación externa son el otro gran caballo de batalla de esta historia. Este punto lo trataré en el capítulo «El miedo», aunque el que ahora nos ocupa no está exento de ello, como verás a continuación.

Luego tenemos a las personas introvertidas, que parecen no encajar en esta era sobreconectada e hipersocializada en la que vivimos. Somos seres con una clara tendencia a la socialización, pero cada uno a un nivel. En mi caso, no necesito demasiada interacción con los demás, y como yo, muchas personas. Quizá estés en este grupo. No me gusta estar en lugares muy concurridos. Entre quedarme en casa y salir, prefiero lo primero. No me va lo de «integrarme» en una fiesta. Me siento genial cuando «me toca» estar solo.

Como conozco y acepto esta faceta, y no me la niego cuando la necesito, puedo disfrutar de la socialización con los demás en otros momentos, pero siempre dentro de mi límite introverso.

«Muchas veces disfruto estando solo. ¿Es malo?», llegan a preguntarme cientos de veces al año. A eso me refiero.

¿Eres más introvertido o extrovertido? Piénsalo y responde, pues el mero hecho de ser consciente de ello te ayudará a entender muchos aspectos importantes de tu vida. Si no lo sabes, lee el siguiente capítulo sobre la introversión y la extroversión y, cuando acabes, vuelve a la pregunta.

Empezamos.

Introvertidos y extrovertidos

Mi vida cambió cuando comprendí que ni yo era como los demás ni ellos como yo. Y que esa regla se repetía en cada individuo, sin excepción.

De esta forma supe que había ciertas cosas de mí que no tenía por qué cambiar. Que ser diferente era normal.

Siempre he sabido que era introvertido. A los siete años, una profesora escribió lo siguiente en las observaciones de mi boletín de notas del colegio: «Es muy introvertido, aunque se relaciona bien con los demás cuando tiene que hacerlo. Y es muy individualista, aunque sabe trabajar en equipo cuando le toca. Prefiere hacer cosas solo que en compañía». ¡A los siete años ya era una persona muy equilibrada! (Al menos en esto, claro).

Hoy en día sigo siendo igual. Puedo estar a gusto entre un grupo de personas y considero que tengo unas excelentes habilidades sociales, pero prefiero estar solo o con poca gente.

Por ejemplo, cuando voy a impartir charlas a la península, estas suelen ser maratonianas. No me gusta irme de allí sin responder a todas las preguntas que los asistentes quieran formular. Recuerdo una en Madrid en la que pasamos de las cinco horas, fue genial. Sin embargo, al terminar tuve que pasar tiempo aislado para recuperarme. Disfruto de las charlas. Cualquiera que haya venido a alguna dará fe de esto, pero no me salen gratis. Necesito compensarlas con soledad. Me merece la pena seguir haciéndolas, forma parte de mi misión y cometido en la vida. Pero ha de ser a mi manera. Si no respetara mi forma de llevarlas, acabaría quemándome y terminaría por abandonarlas. ¿Entiendes a qué me refiero?

Gran parte de mi equilibrio espiritual se debe a que acepto y cuido esta parte de mí. Sé que pasar tiempo a solas, no frecuentar lugares con demasiado ruido o mucha gente, mantener un grupo de amigos reducido, practicar actividades solo y tener tiempo para meditar y reflexionar me hace mucho bien.

El truco reside en que, gracias a que lo acepto, puedo disfrutar de mis otras facetas. Carl Gustav Jung, psiquiatra pero sobre todo pensador con una de las mentes más prodigiosas de la historia, decía que nadie es introvertido o extrovertido del todo. Que alguien así acabaría loco.

Igual de «loco» acabaría un introvertido si llevara la vida de un extrovertido y viceversa. En la aceptación y el equilibrio está la cordura.

Manuel tenía treinta años y era un introvertido de manual, aunque desconocía tal división entre las personas. Me contrató para que le enseñara a sentirse cómodo en las reuniones sociales, ya que notaba que los demás lo presionaban para que participase en ellas con mayor frecuencia de la que él toleraba.

Mi pregunta fue: «¿Te apetece ir?». Me contestó que no. «Pero es lo que toca, ¿no? Es decir, ¿no es malo que no me apetezca?», dijo.

«Malo es que creas que la introversión es mala de por sí», le respondí.

Manuel no era un ermitaño. Tenía su pequeño círculo de amigos con el que salía de vez en cuando a tomar cañas. Se relacionaba con sus compañeros de trabajo y tenía una buena vida familiar. Pero no le gustaba ir a discotecas, y algunos fines de semana prefería quedarse en casa leyendo o viendo series.

¡Y me pedía consejo para descolocar lo que tenía más que bien ordenado!

Por supuesto, mi trabajo consistió en explicárselo y hacerle entender que lo único que debía hacer era no sucumbir a esas presiones. Agradecer los ofrecimientos y seguir atendiendo a su esencia, que incluiría, de vez en cuando, su gustosa presencia en algunas de esas reuniones sociales a las que antes acudía a la fuerza.

La mente y el cuerpo piden con sabiduría. Solo hay que atender.

¿No has tenido alguna vez la necesidad de pasar más tiempo a solas?

¿Y la de socializar más?

Escúchate. Atiende a las señales y a los mensajes que te lanzan tu cuerpo y —sobre todo— tu mente.

Responde ahora: ¿eres introvertido o extrovertido? Después de lo que has leído, quizá por fin te otorgues el derecho a equilibrar con libertad tus actividades sociales y personales en su justa medida. Con orden. Así podrás disfrutar de ambas. Ya lo verás.

En el siguiente capítulo quiero hablarte sobre el respeto. Deseo aclararte este tema. Suelo oír afirmaciones, premisas y expresiones que, pasadas por el filtro de la filosofía, dejan mucho que desear y pueden provocarte conflictos con los demás y también contigo mismo.

El respeto

Uno de mis más altos principios es el siguiente: **«Respetaré a todo el mundo de entrada y no exigiré respeto a nadie».**

Si me respetan, bien, y si no, paciencia. No me queda otra.

Siempre he pensado que pretender que todos nos respetemos de entrada es casi un sueño. Una quimera. Quizá bastaría con que intentásemos no faltarnos de manera activa o a través de los demás. Creo que el mundo podría conformarse con eso. Yo firmaría.

«Me parece genial que no te caiga bien, pero déjala en paz mientras no te haga nada o no le falte al respeto a alguien delante de ti», le decía no hace mucho a una clienta. A esto me refería en el párrafo anterior.

Si detestas a alguien pero bloqueas toda interacción con esa persona o te prohíbes hablar de ella a otros, descubrirás lo inútil y estéril que resulta guardar tales sentimientos y pensamientos. Con el tiempo, preferirás liberarte de ello.

Una vez, durante un paseo, visualicé mi corazón como si fuese un ordenador con una capacidad limitada, aunque enorme. En aquel momento estaba lleno de rencor y odio hacia una persona. Pensé que si usaba un 10 por ciento de mi corazón para odiarla no podría usar el cien por cien para amar al resto. Siguiendo la analogía, me dispuse a limpiar y eliminar ese virus.

Nunca sabes el impacto que tendrá una falta de respeto activa, ya sea directa o indirecta: atacar a alguien a través de la red, esparcir un rumor, enviar un mensaje amenazador, insultar a la cara o por detrás, o agredir a una persona.

Por naturaleza, unos somos más sensibles que otros. No se nos puede pedir que «pasemos de todo» o que «no nos afecte», como suele decirse. No es tan sencillo. Debemos exigir que tocar los cojones a la gente de forma gratuita no se normalice.

Dicho esto, sigo.

Paradójicamente, en cuanto comienzas a respetarte, ya no te preocupas tanto por si los demás te respetan o no. Y al mismo tiempo empiezas a sentir un mayor respeto por los demás.

Puede que este sea el punto de partida.

Quizá te molesta tanto esa falta de respeto ajena porque refleja lo que sucede en tu interior.

Se suele decir que uno da fuera lo que tiene dentro.

Voy a prestarte un ejercicio para fomentar tu autorrespeto. Hazlo con la mayor intención:

Haz una lista de los diez mejores motivos que tienes para empezar a respetarte. Pueden ser, por ejemplo: «Comenzaré a respetarme más porque tengo derecho como humano, porque si no lo hago me estoy castigando, porque mi vida mejoraría así, porque quienes me rodean también vivirían mejor, porque respeto a los demás y merezco tratarme del mismo modo, porque sería más útil a la sociedad así, porque es una forma maravillosa de autocuidado, porque me querré más si me respeto, porque sería un buen ejemplo para los que amo y porque me hará menos dependiente de la aprobación externa».

Cuando la tengas, léela tres o cuatro veces al día durante dos semanas. Después, guárdala donde puedas encontrarla con facilidad. Si un día ves que te estás faltando al respeto de nuevo, búscala y vuelve a leerla durante un tiempo.

Este ejercicio nunca me ha fallado. Hazlo.

Uno de los casos más difíciles al que me he enfrentado fue con la suegra de una clienta. Lydia acababa de ser madre y vivía un momento muy dulce junto a su marido. Sin embargo, su suegra rompía aquel idílico escenario en cuanto aparecía por su casa.

Las intromisiones y las faltas de respeto de aquella señora hacia Lydia eran alucinantes. Su marido estaba al tanto y, aunque no se ponía de parte de su madre, se negaba a hablar con ella sobre el asunto para no provocar un conflicto aún mayor.

Ante tal situación, el matrimonio empezó a resentirse, ya que Lydia comenzó a ver a su pareja con otros ojos.

Hablé con los dos y le ofrecí el papel de mediador a él, pero lo rechazó. Mi trabajo con Lydia consistía en enseñarle que no debía juzgar a su suegra, sino sus acciones. Un poco como cuando Gandhi —figura trascendental de la resistencia pacífica y la no violencia— dijo que había que odiar el pecado, pero que debíamos amar al pecador.

En este aspecto, Lydia hizo un trabajo admirable. Pero su suegra era un caso especial. No tenía más remedio que enfrentarse a ella, pero buscando la paz.

Fue en persona. Y a solas. Lydia le transmitió sus sentimientos de forma empática y asertiva y le explicó por qué se sentía mal. Comunicó tanto lo que no le gustaba de la situación como lo que esperaba de ella. Quería que la relación entre ellas fuera buena y que su hija pudiese disfrutar de su abuela. Pero que de ninguna manera iba a consentir más intromisiones ni faltas de respeto.

Su suegra reculó y aceptó las condiciones de mi clienta. Poco después, su relación era normal. Correcta y suficiente.

Este es uno de los motivos por los que siempre firmo mis escritos en la red con un «Fuerza y paz». A veces, ese orden es necesario.

Jordan B. Peterson habla sobre esto de una forma magistral. Por ejemplo, dice que hay personas que siguen siendo objeto de abusos porque no responden a la agresión. También explica que muchos piensan que cualquier comportamiento hostil, el enfado incluido, es moralmente condenable, lo cual es un error garrafal.

A veces deberás trazar una línea en el suelo y no permitir que nadie la traspase. Te guste o no.

¿Verdad que evitas invadir o atacar la integridad de los demás? ¿Por qué permites que alguien lo haga contigo?

¿Necesitas establecer límites con alguna persona concreta?

No esperes más. Hazlo. Con todo el tacto, la educación y la empatía que puedas, pero no lo dejes como está. De lo contrario, un día... explotarás.

Toni tenía un serio problema de confianza porque nunca se defendía. Y como no lo hacía, había quienes se lo tomaban como una invitación al abuso.

Cuando empecé a trabajar con él, tenía una concepción errónea al respecto. «¿Pero no está mal que me enfrente a otros?», me preguntaba. «Querido, el enfrentamiento ya existe, aunque no quieras formar parte de él», le contesté.

En una de nuestras videollamadas, lo vi bastante afectado. Me contó que justo antes de conectar conmigo se había reunido con sus compañeros de trabajo. Uno de ellos, sin venir a cuento, le había hecho un comentario ofensivo, desagradable. Y le había sentado muy mal. Estaba triste y sentía que era injusto, ya que él nunca se metía con nadie.

«¿Y tú qué has hecho? ¿Qué le has dicho?», le pregunté. Me contestó que nada.

Entonces le pedí que cogiese el teléfono y llamara a esa persona. Que le dijese que su comentario le había hecho daño y que esperaba que no se repitiera en el futuro, ya que le parecía un comportamiento innecesario e injusto.

Lo hizo y su compañero le pidió perdón al instante. Lo que dijo después reafirmaba la esencia de lo que intento explicar: «Como nunca dices nada, pensábamos que no te importaba que nos metiéramos un poco contigo. No puedo ni pensar en todas las veces que te habremos hecho daño... Lo siento mucho».

¿Qué hubiera pasado si no llega a hacer esa llamada? Yo lo sé.

Se habrían sucedido muchos otros episodios como ese. Con el tiempo, Toni habría acabado hundiéndose o partiéndole la cara a alguien. Una de dos.

Cuando no te respetas, invitas a otros a unirse a la fiesta.

Nunca falla.

Creo que, después de hablarte de este tema, la siguiente parada tienen que ser los juicios. Quien no se respeta, se juzga, y viceversa. Si te respetases más, te juzgarías menos. Si te juzgaras menos, te respetarías más. Y funciona igual hacia las otras personas.

Vamos allá.

El juicio

Dice Krishnamurti que la forma más elevada de inteligencia consiste en observar sin juzgar. Y esto también puede aplicarse a los autojuicios.

La primera canción que grabó Bob Marley se llamaba *Judge Not*, no juzgues. Y decía: «No juzgues, sin juzgarte a ti antes».

Estaría bien: comenzar por uno mismo. Pero a lo largo de la vida me he dado cuenta de que los más duros en sus autojuicios también lo son con los juicios hacia los demás.

Por eso la forma más rápida de no juzgar a los demás es dejar de hacerlo con nosotros mismos. Es una de las lecturas que extraigo de la Biblia, en Mateo 7:1: «No juzguéis, para que no seáis juzgados».

No te juzgues, nunca. Sobre todo si lo haces de forma negativa, exagerada y peyorativa. A medida que dejes de juzgarte, abandonarás la costumbre de juzgar también a los demás. Y verás lo inútil y absurdo que resulta.

Cuando juzgas, completas un relato personal sobre algo o alguien sin tener toda la información.

Ves a un señor enfadado que está echándole la bronca a su hijo y lo tachas de maltratador, de mal padre. Pero puede que tenga un motivo y en realidad sea un padrazo.

Alguien llora por la calle y piensas que quizá esté desequilibrado. Pero puede que acaben de llamarle al móvil, le hayan dado una noticia terrible y no pueda contener su dolor, como te pasaría a ti. Y a mí, y a cualquier persona con sentimientos.

Ves a alguien que está sentado en un portal de noche y crees que lo han echado de casa por burro. Pero puede que lleve horas allí, muerto de frío y de hambre, porque ha perdido las llaves y espera al cerrajero.

Si pudieses llevar un registro de todas las ocasiones que has juzgado en tu vida y has acertado, dejarías de hacerlo en este mismo instante. Seguro que no tenías razón ni el 10 por ciento de las veces. En mi caso, a pesar de que creo que suelo atinar con las personas, no creo que supere por mucho ese porcentaje. No vale la pena.

Cuántos amigos tengo que, antes de conocerlos, me caían fatal.

A cuántas de mis amistades actuales les caía mal antes de que se dieran cuenta de cómo era.

Cuánta de la gente que ahora no soportas, te encantaría si la conocieses de verdad.

A cuántos famosos criticas sin saber nada de ellos.

Con cuántas buenas personas te habrás metido sin saber que lo eran.

Pienso en ello y me avergüenza mi comportamiento pasado.

Yo era una máquina de juzgar. Y eso que, como he dicho, mis juicios daban bastante en el clavo. Un amigo solía decirme que nunca había conocido a nadie que acertara tanto como yo. Pero... ¿y las veces que no? ¿Qué pasa con esa injusticia?

Por no juzgar de forma injusta a alguien, vale la pena no volver a juzgar jamás.

Recuerdo la primera vez que vi por televisión a Tony Robbins, el autor de desarrollo personal más mediático de nuestra era. Estaba impartiendo una de sus conferencias masivas. Aquel teatro me desagradó, qué carajo: sentí vergüenza ajena. Me sumé a los que decían que era un vendehúmos. «Vaya personaje, madre mía», pensaba. Años después, un conocido me recomendó uno de sus libros. Me negué a leerlo. Él insistió y le dije que no me apetecía nada, pero que lo haría, solo para poder rajar de Tony Robbins con razón. Resultó ser uno de los mejores que leí aquel año.

Ahora soy yo el que, cuando alguien critica a Robbins en cuanto se lo recomiendo, digo: «No lo juzgues, lee el libro y luego me cuentas».

Te podrá gustar o no, pero ya no será un juicio, sino un análisis personal de algo que conoces.

Te presto un truco que me ha funcionado siempre: por norma, uno concentra la mayoría de sus juicios en un único blanco. Por ejemplo, en un grupo concreto de la sociedad, una raza, una nacionalidad o a veces solo en un par de personas con nombre y apellidos. Si lo detectas y dejas de juzgarlos, eliminarás de un plumazo casi todos tus juicios.

Piensa en alguien a quien suelas juzgar. ¿Le dirías a la cara lo que piensas de él? Apuesto a que te sabría fatal hacerle daño, aunque no te caiga bien. Te aseguro que puedes acabar con este tipo de actividad mental y espiritual, quizá no del todo, pero sí en gran medida. Y eso marcaría una diferencia enorme en tu vida y en la de los que te rodean.

¿Y si todos hiciésemos lo mismo?

Exacto, el mundo sería un lugar mejor.

A lo largo de los años me han preguntado muchas veces si juzgar no es necesario para el ser humano. Si no puede tener un lado positivo. Tiene lógica y cierta razón.

Si te encuentras en una ciudad desconocida y estás a punto de entrar en una calle que te da mala espina, puedes hacer un juicio del tipo: «Como entre aquí, me rajan de arriba abajo». Y quizá haya un convento de monjas o viva en ella un grupo de pacifistas y sea la calle más segura del mundo. Pero si no lo es, a lo mejor ese juicio te ha salvado la vida.

De igual forma, puede que vayas tan tranquilo por la calle y detectes una conducta extraña en alguien que se te acerca. Quizá padezca un enorme dolor de cabeza y esté mareado, o tenga un mono brutal y pretenda atacarte para robarte el dinero y pagar su siguiente dosis. Ese juicio puede haberte salvado de una escena terrible. Incluso de la muerte.

Estos juicios son útiles.

Los demás, sobran.

Hace mucho decidí limpiar mi interior del todo. Sabía que, en especial, había tres pasos vitales.

El primero, perdonar todos mis errores.

El segundo, hacer lo mismo con todos los que me fallaron o intentaron hacerme daño.

El tercero, no juzgar a nadie.

De los tres, el más complicado, y con diferencia, era el tercero.

No juzgar es muy difícil. Muchísimo.

Pero creo que nada merece tanto la pena.

Tu corazón se llenará de paz. Te moverás por la vida de otra forma. Y entregarás algo nuevo al mundo. Algo mejor. Más bondadoso.

Encima, el beneficio de no juzgar es mayor que tu esfuerzo por intentar no hacerlo.

Si comienzas a juzgar un poco menos, experimentarás paz interior y un alivio enorme de inmediato. Es una jugada muy rentable.

No es fácil, lo sé. G. K. Chesterton —escritor y periodista nacido en 1874, que poseía una mente apabullante y una lengua afilada como un bisturí— decía: «La Biblia nos pide que amemos a nuestros vecinos y a nuestros enemigos, probablemente porque son los mismos». A veces, la tentación de juzgar resulta incluso legítima.

Pero cuando juzgas a otros, ¿no contribuyes a que se mantenga en la sociedad aquello que no te gusta? ¿No preferirías que no te juzgaran? ¿O que no lo hicieran con tus hijos? ¿O con tu pareja? ¿O con tus padres? ¿O con tus amigos? ¿O con las personas que lo pasan mal?

Ojalá esta endemoniada cadena se rompa, al menos, por tu eslabón.

El siguiente alto en el camino es esencial para ti y para el desarrollo de tu vida. Te hablaré de los amigos, de la amistad. Qué importante es elegir bien... Y no tener malos amigos cerca. Tanto como que tú seas buen amigo para los demás.

Empecemos.

Los amigos

La amistad es increíble. Es uno de los sentimientos y valores más elevados que existen.

Siempre he dicho que los amigos son casi lo único que eliges con total libertad.

Cuando llegas a este mundo, tus padres ya están ahí. Los abuelos también. Puede que incluso tus hermanos.

Pensarás: «¿Y la pareja no se elige libremente?».

Bueno, sí..., pero solo en parte. La atracción física o sexual influye mucho en esta elección. Y está demostrado que los gustos de cada individuo en ese sentido están bastante prefijados de forma innata.

Pero con los amigos es distinto. De niño trabas amistad con algún compañero de una clase que no has elegido en un colegio que tampoco has seleccionado tú. O quizá te llevas muy bien con el hijo de un amigo de tu padre, que tampoco has escogido. Pero funciona de otra forma, como mínimo, un poco más libre.

Cuando creces, esos condicionantes desaparecen casi por completo y los amigos se eligen de una forma aún mucho más libre, espontánea y natural.

Decía Thoreau —filósofo de culto, autor de obras como *Desobediencia civil*— que el lenguaje de la amistad no está compuesto por palabras, sino por significados, una inteligencia superior al lenguaje. A mí, personalmente, me frustra no encontrar palabras que dignifiquen lo que siento cuando pienso en las amistades que he tenido la suerte de disfrutar en mi vida. Así de grande es esto.

Sin embargo, no siempre te encontrarás con verdaderos amigos a lo largo del camino. En la mayoría de los casos, porque te rodeas de amistades equivocadas durante demasiado tiempo o porque tú tampoco eres lo que se llama «un gran amigo».

En ambos casos, el problema es grande.

Responde a la siguiente pregunta con la mano en el corazón: ¿te consideras un buen amigo para los tuyos?

Ojalá todos tuviésemos la suerte de encontrar amigos para toda la vida desde pequeños. Compartir la mayoría de las etapas de nuestra existencia con los mismos. Pero no es lo habitual, y tampoco resulta necesario para vivir una vida plena.

Por ejemplo, yo conservo un amigo de la infancia. Uno de la adolescencia. Otro que conocí a los veintisiete (mi querido Raúl), y al último lo encontré a los treinta.

Por el camino me he relacionado con mucha gente interesante y en su momento mantuve una intensa amistad con algunas personas, pero no duró. La vida es así. A veces une caminos que luego separa. Es normal, y no pasa nada. Ya está.

Llegado el momento, lo mejor es que des las gracias por todas las amistades que has tenido. Por la compañía. Y que las dejes ir con la misma apertura con la que las recibiste.

Y pase lo que pase, nunca conserves rencor en tu corazón.

Cada uno busca su lugar en el mundo y quien lo acompañe en él. Tú también lo haces. Y está bien así.

Acepta que los amigos vienen y van, excepto algunos, que se quedan para siempre.

Unas veces verás que un amigo se marcha y otras serás tú el que se vaya.

Es ley de vida. Y lo que es ley de vida, es verdad.

Y lo que es verdad, es justo. Te guste o no.

Rodéate de gente que quiera lo mejor para ti. En un mundo tan competitivo y enfadado como este, te vendrá bien. No lo compliques dejando que tu círculo íntimo se llene de intrusos.

Pero tampoco intoxiques el círculo del otro. Es una cuestión de reciprocidad. De justicia y lógica. De honor.

Quieres amigos que te apoyen y te den fuerza.

¿Pueden contar ellos con tu ayuda?

Quieres amigos que estén ahí cuando los necesites.

¿Te encuentran ellos cuando te necesitan?

Quieres amigos leales.

¿Lo eres tú?

Quieres grandes amigos cerca.

¿Eres tú un gran amigo?

No puedes pedir lo que no estás dispuesto a dar.

Conviértete en un gran amigo, justo el que te gustaría tener a ti.

Rodéate de quienes sepan valorar la amistad.

Aléjate de las personas que no lo hagan.

Y recuerda: mejor solo que mal acompañado.

El siguiente capítulo es de los más delicados por lo que se refiere a la relación con los demás. Te hablaré de la familia. No es fácil, pero es un tema que he tocado muchísimo con mis clientes y he obtenido excelentes resultados. ¿Preparado?

La familia

Puede que este sea uno de los capítulos más polémicos del libro. No es mi intención. No me gusta generar controversia porque sí. Pero no tengo más remedio que contar la verdad que he visto. Intentaré hacerlo con el máximo tacto, pero sin dejar de llamar a las cosas por su nombre. Para poder ayudarte es necesario hacerlo así. Empezamos.

Para mí, la familia es lo más importante. Mantenerla unida. En paz y feliz. Crecer en un núcleo familiar fuerte para después construir una familia propia con el mismo espíritu. Es algo maravilloso.

En mi antebrazo derecho llevo tatuado MI FAMILIA ES MI VIDA. Quizá te dé una idea de lo que significa para mí.

No obstante, no todos los lazos de sangre hacen familia.

Wayne W. Dyer solía preguntar en sus libros: «¿Serías amigo de ese familiar (con el que tienes frecuentes desavenencias) si no os uniera un vínculo sanguíneo?».

Piensa en la cuestión que acabas de leer. ¿Qué respondes? A lo mejor concluyes que no, que no serías amigo de ese familiar ni tendrías relación con él si no os uniera la sangre. Y seguramente tendrías todo el derecho y toda la razón del mundo. Es duro, pero pasa con frecuencia. Tranquilo, eso no te convierte en alguien peor.

Resolver un conflicto familiar es una de las partes más complicadas de mi trabajo.

Además, no puedo dejar que mis valores influyan en mi labor. Debo ser objetivo y aconsejar siempre lo mejor que pueda pensando en mi cliente.

Vaya por delante que siempre intento mantener unidas a las familias. Pero en ocasiones no se puede. No queda más remedio que distanciarse. Que limitar algunas relaciones al nivel de la corrección y la cortesía. Que conformarse con guardar las formas.

A veces solo se pueden salvar los muebles. Mejor eso que nada.

Laura se llevaba muy mal con su hermana mayor. Se sentía juzgada y menospreciada por ella. Ambas seguían viviendo en la casa familiar. Sus padres ya tenían una edad y no querían entrometerse.

Al contratarme, me transmitió su único deseo: «Vivir en paz, ya está». Solo eso.

Me contó toda la historia y la verdad es que la situación era insostenible para todos. Había un patrón común: la hermana de Laura la acusaba de ser una mimada, de haber tenido una vida más fácil que la suya, de no aportar lo mismo que ella a la casa y de tenerle manía desde siempre.

Lo curioso es que Laura quería muchísimo a su hermana. Sin embargo, las capturas de pantalla que pude ver de ciertas conversaciones desagradables entre ellas dejaban claras sus posturas. Vivir de ese modo era un caos. Había que terminar con aquello cuanto antes.

En tres meses, a pesar de sus enormes dificultades económicas —que superó con creatividad y esfuerzo—, Laura encontró la manera de irse de casa. Sus padres la despidieron apenados y con la sensación de no haber podido hacer nada para evitarlo. Aquel día, su hermana no estuvo allí. Para mí, era señal inequívoca de lo que iba a suceder.

Le pedí a mi clienta que no tuviese una mala palabra con nadie. Ni un reproche. Agradecimiento y buenos deseos. Nada más.

Al cabo de unas semanas, Laura me contó que su hermana la había llamado para hacer las paces y que le había pedido que volviese a casa. Mi clienta me dijo que no quería regresar, pero sí hacer las paces. Perfecto. Así lo hicieron.

Después de un mes, mi clienta fue a pasar la tarde a la casa familiar. Todo fue muy bien. Tomaron café y charlaron como una familia bien avenida. Juntos. Sin malas palabras ni reproches. Laura me mandó una foto con su hermana. «No me creo que podamos estar así», me decía.

Lo cierto es que no formaba parte del plan. Yo solo quise sacar a Laura de aquel entorno tan tenso y viciado. Cualquier alternativa era mejor que seguir ahí.

El día que se fue de casa, cuando su hermana no apareció para despedirse, intuí que habría un intento de reconciliación por su parte. ¿Por qué? Porque sabía que se sentiría culpable de la marcha de Laura.

A veces sucede así. Pero no siempre sale todo tan bien.

La familia debe mantenerse unida, pero siempre buscando la felicidad y la paz de todos sus miembros. No puedes permitir que tu vida empeore por culpa de otra u otras personas. Compartáis sangre o no. Tan crudo como necesario.

Los problemas con los padres son muy habituales. Probablemente, tú también los habrás tenido.

Que si tu madre se mete en la crianza de tus hijos y te recuerda todo lo que hizo por ti. Que si tu padre te dice que, a tu edad, ya estaba casado, con tres hijos y una casa en propiedad...

Y tú ahí, callado o a la gresca con ellos.

Pues no te recomiendo ninguna de estas dos posturas.

Cuando hables con tus padres, recuerda que eres un adulto de pleno derecho. Ya no eres un niño. Habla con ellos con el máximo respeto, pero de adulto a adulto.

Puedes decirle a tu madre algo como: «Gracias, mamá, te escucharé siempre y prestaré atención a tus consejos, pero al final siempre decidiré yo si tomarlos o no. Debo criar a mis hijos como considere conveniente..., igual que hiciste tú».

Y a tu padre: «Gracias, papá. Tu labor fue increíble, admirable, pero son otros tiempos. Ahora no es tan fácil. No me ayuda que me recuerdes lo que hiciste y aún no he hecho yo».

Siempre hago un esfuerzo titánico por reconducir la relación con los padres. Romper con ellos es una tragedia. Yo soy padre y no puedo imaginar cómo sería no tener relación con mis hijos. Pero a veces no queda más remedio que tomar medidas drásticas. Por desgracia, no todos los padres dan siempre la talla. Al fin y al cabo son humanos. Falibles. Imperfectos. Como nosotros.

Es muy duro. Durísimo. Pero cuando no queda otra opción, las repercusiones de no hacerlo son peores, más graves.

El otro gran problema viene cuando los padres se meten en las relaciones sentimentales de sus hijos. De nuevo, Gottman lo tiene claro: antes va la pareja. Por mucho que le cueste a alguien decirle a sus padres que su matrimonio es más importante que su relación con ellos.

Sé cómo suena. Y más cuando en algunos casos los padres tienen razón. Pero por mucho que un hijo sea un hijo, debe vivir su propia vida al convertirse en adulto. Si lo necesitas, diles lo que piensas, pero no puedes manipularlos ni chantajearlos.

Confía en tus hijos y en que los has educado bien. A partir de ahí, tu misión es estar cerca cuando lo precisen. No puedes seguir configurándoles la vida.

Los hijos se equivocan, por supuesto. Puede que tanto como sus padres. Pero eso forma parte de la vida. Si no pueden vivirla, no tendrán la oportunidad de crecer y de convertirse en adultos maduros. Reforzarse en sus aciertos y aprender de sus errores.

Los hijos deben tener el derecho a ser libres. Y aceptar de forma responsable las repercusiones de ese ejercicio. Sean positivas o negativas.

Repito, si eres padre, puedes y debes aconsejar, hablar, mostrar tu parecer... pero nunca inmiscuirte de forma directa y activa en la vida de tus hijos adultos. Cuando sucede, siempre hay problemas. Y de los fuertes.

A nadie le gusta que lo juzguen.

Que lo priven de su libertad.

Que lo traten como a un crío.

Aunque sean sus padres.

Es jugar con fuego. Y ya sabes lo que pasa.

Los problemas familiares son muy jodidos. Dios no lo quiera, pero si tu familia falla, no te hundas con ella.

Es una pena, pero no todo el mundo puede nacer, crecer y desarrollarse en una buena familia. Pero esto no quiere decir que no puedas tener una vida plena y feliz después. O que no puedas crear un día la tuya. Tu familia. Llena de amor y de paz.

En cualquier caso, el remedio que nunca falla es este: llena tu corazón de bondad, perdón y amor. Libérate del rencor y del odio. Pero no des la espalda a la realidad. Toma las decisiones y las acciones necesarias para vivir la vida que siempre has querido.

Gracias a tu familia, o a pesar de ella.

No hay nada más bonito que una familia unida.

Pero no hay nada peor que una familia que no se comporta y actúa como tal.

Tenlo claro.

Al final, con tu vida cargarás tú.

En el último momento, no te servirá culpar a los demás.

¿Qué vas a hacer ahora?

Bueno, ya está. Después de este capítulo, el siguiente te parecerá fácil. Siguiente parada: compañeros de trabajo. Pero no le restes importancia. Alucinarías con la cantidad de personas que sufren por conflictos de este tipo. Quizá estés viviendo una de estas desagradables escenas.

Intentaré ayudarte en esto también.

Los compañeros de trabajo

Me parece muy curioso que este problema sea tan frecuente. Siempre tengo algún cliente que tiene conflictos con sus compañeros de trabajo. No falla.

Más sorprendentes aún me resultan las historias que me cuentan. No puedo evitar percibir cierto paralelismo con la época escolar: las jerarquías, los grupitos, los malos rollos, los rumores, las *vendettas*, los celos, las envidias, etc.

La línea que sigo con mis clientes siempre es la misma, te la presto: **enfréntate al problema a través de la comunicación y termina con él al nivel que sea, como creas que es más oportuno.** Y si no puedes, busca una salida mientras haces acopio de paciencia.

¿Una salida? Claro, siempre la hay. Muchas veces lo que provoca mayor malestar es pensar que no hay escapatoria. Y eso hace que los problemas con tus compañeros de trabajo o con tus jefes te afecten más.

Es muy diferente pensar «Tengo que ver a este tío que me hace la vida imposible veinte años más» que «Dentro de poco me piro y todo esto habrá acabado».

«Perder un trabajo es muy fuerte, ¿no?». Claro. No hablo de irse al paro (o sí, a veces es lo mejor). Me refiero a buscar otro empleo.

Haz el siguiente ejercicio y tómatelo en serio, es vital:

Elabora una lista con tres oficios o profesiones que te gustaría (y sabrías) ejercer. Diseña un plan o estrategia de lo que deberías hacer para trabajar y vivir de ello. Cuando lo tengas, mételo en un cajón o en una carpeta, pero recuerda dónde lo has guardado. Quizá algún día te salve el pellejo.

Puede que te sorprenda descubrir que no es tan difícil cambiar de trabajo, solo que nunca le habías dedicado el tiempo necesario para darte cuenta.

Mira, hay una cosa que es inadmisible: perder la salud y la felicidad por culpa del trabajo, sea por el motivo que sea.

Si tienes la mala suerte de encontrarte en una situación así, busca soluciones. Quedarte igual es la peor opción.

Nunca te parecerá un buen momento. Puede que ahora la tasa de paro sea elevada, que tengas obligaciones económicas ineludibles, que tus hijos dependan de tu sueldo o que estés a punto de jubilarte. En todo caso, tienes margen. Quizá no todo el que querrías, pero lo hay, tiene que haberlo.

La primera opción siempre debe ser hablar con quien tienes el conflicto. Sin agresividad, pero con firmeza. Sin acusaciones, reproches ni victimismo. Busca, como mínimo, un pacto de no agresión. No te pongas a exigir disculpas ni nada por el estilo. No hace ni falta. Solo la paz. Punto. Con esto se arreglan el 90 por ciento de los casos. Ten fe.

Si aun así no se soluciona, la siguiente opción es marcharse de ahí. Si tienes un buen currículum, pocas obligaciones y algo de dinero ahorrado no deberías tener problemas. Pero si no cuentas con ello, ten paciencia y sigue en tu puesto mientras buscas una salida.

La perspectiva de cambiar pronto de trabajo y la tranquilidad de poder seguir atendiendo a tus obligaciones económicas y personales debería darte la fuerza necesaria para sobrellevar la situación.

Te presto el pensamiento que le escribí a un cliente que se encontraba en estas mismas circunstancias:

«Tranquilo, no será para siempre.

De hecho, está en camino de acabarse.

Siéntete orgulloso.

Todos agradecen tu esfuerzo y sacrificio.

Eres muy fuerte y valiente. Muchas gracias».

Espero que te tranquilice saber que, por lo general, la situación se corrige sin tener que tomar decisiones drásticas. Una comunicación efectiva hace milagros.

Con esto acabo el obstáculo hacia la felicidad llamado «La relación con los demás».

Antes de pasar al siguiente gran obstáculo, «El trabajo», lee el cierre de este capítulo con atención, con énfasis, con energía. Con ganas. Quizá mañana sea un día mejor en tu relación con los demás.

Cierre

Eres un ser sociable y, a un nivel u otro, necesitas relacionarte con los demás.

Por lo tanto, es fundamental que el contacto con tu entorno sea saludable y que no tengas conflictos personales sin resolver para que tu felicidad no se vea limitada.

«Pasa de todo» no siempre es un consejo válido para todo el mundo en cualquier contexto. Te recomiendo que limpies y sanees tus relaciones con los demás. Si no puedes, revisa quién no debe seguir cerca de ti y actúa en consecuencia.

Comprueba también qué aportas tú.

No esperes que tu entorno te sea favorable si tú no lo eres en el de los demás...

Mejora tus capacidades comunicativas. No necesitas una formación especial, aunque sería interesante que leyeses algo sobre el tema. **Llénate de buenas intenciones, mucha empatía y una enorme asertividad.**

Intenta arreglar los problemas y los conflictos con los demás. No tengas miedo. Lánzate.

Y recuerda: lo más importante es tu felicidad. No puedes perderla por otras personas. Sean quienes sean.

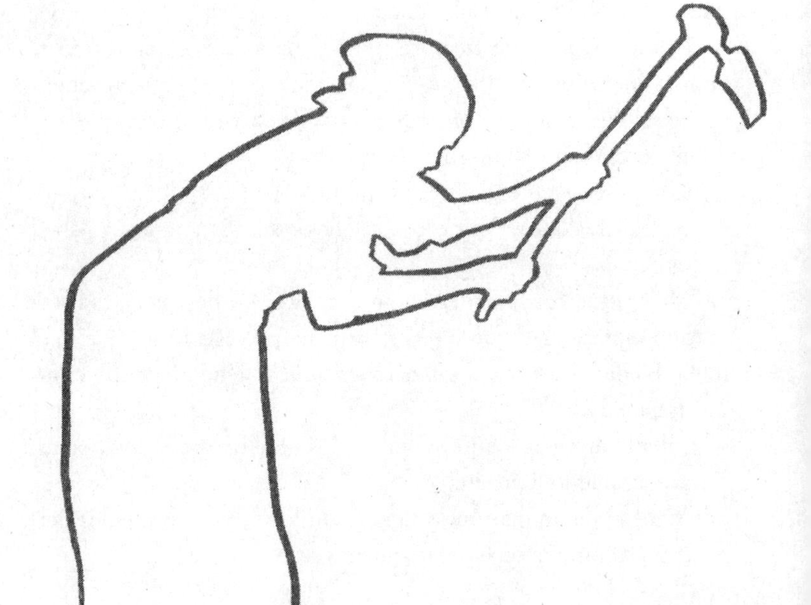

EL TRABAJO

Este es uno de los 6 mayores obstáculos hacia la felicidad ya que puede afectar tanto a tu calidad de vida como a tu estado de ánimo en general. No es un tema fácil. Seguro que has oído alguna vez esta expresión: «¡En la mesa no se habla ni de trabajo ni de dinero!». Pues así de delicado es. Pero te diré algo: nos iría mejor si hablásemos más de ello, en la mesa o donde sea.

En el próximo capítulo me centraré en el dinero (otro de los obstáculos para ser feliz), pero ahora déjame enseñarte cuáles son las piedras y baches que encontrarás en este camino llamado «el trabajo».

Te explicaré qué estrategias me funcionaron a mí en su momento y cuáles he usado durante años con mis clientes para que puedas poner orden en tu vida profesional.

En el capítulo anterior, «La relación con los demás», traté los problemas que pueden surgir con los compañeros de trabajo. En este, te hablaré de cuestiones más técnicas, como si es mejor ser emprendedor o asalariado, o cómo cambiar de trabajo. Pero también reflexionaré sobre otras cuestiones más filosóficas: si tienes que buscar un trabajo que te haga feliz o qué tiene que ver la humildad en la no siempre sencilla ecuación del empleo y la vida profesional de todo individuo. Entre otros temas.

Esta parte de mi trabajo me encanta. Es maravilloso ver que un cliente soluciona su problema laboral y deja de amargarse ocho horas al día.

Sin embargo, no es fácil deshacer el caos en este aspecto de la vida. Necesitarás asentar unos principios sólidos que te sirvan de ahora en adelante. Yo te ayudaré a conseguirlo.

Seguro que en el colegio te preguntaron qué querías ser de mayor. Mala época para esas preguntas, peor aún para responderlas. Qué sabrá un niño de eso... El problema es que, para cuando entras en la adultez y comienzas tu vida laboral, esa bonita cuestión ya se te ha olvidado.

De repente solo te interesa buscar trabajos bien remunerados, con buenos horarios, pagas extra o largas vacaciones.

O lo que sea, que hay facturas que abonar y muchos caprichitos que comprar.

Cambias tus sueños por tus obligaciones. A tomar por saco el idealismo y el romanticismo.

Antes de darte cuenta, llevas años trabajando. Sientes un incordio dentro. Notas una mezcla de desencanto y quemazón. Te miras al espejo y te ves desmotivado, cansado y desanimado.

Comienzas a sentir que el trabajo te hace infeliz.

Ya ni te acuerdas de qué contestabas cuando te preguntaban aquello de «¿Qué quieres ser de mayor?».

Ahora estás hecho un lío y te sientes preso de tu trabajo. Prisionero de una nómina y de lo que tienes que pagar con ella.

Poco a poco, te vas amargando. Solo estás contento el sábado. Levantarte por la mañana es una agonía. Las jornadas son interminables. Miras el reloj cien veces al día y los domingos por la tarde empiezas a sentir la ansiedad de quien sabe que, en unas horas, llegará el maldito lunes.

«Lo mandaría todo al carajo, pero no puedo», te dices.

Pronto, tu malestar en el trabajo empieza a afectar a otras áreas de tu vida. Saltas a la primera de cambio. Tu pareja comienza a odiarte. Todo parece ir peor.

¿Y qué se supone que debes hacer?

Lo primero: poner un poco de orden. Por un momento, sal de tu propia ecuación y toma distancia para ver las cosas con más perspectiva. Haz el mejor análisis posible apoyándote en la verdad y huyendo del autoengaño.

Cuando lo tengas, pasa a la acción. No tienes otra.

Porque hay que hacer algo con lo que está mal.

Y porque, con el tiempo, lo que está mal siempre va a peor.

«Vale, Joan, dices que tengo que apoyarme en la verdad, pero ¿qué verdades son esas?», me dirás. Buena pregunta.

Voy a explicarte las verdades que he ido encontrando tanto en mi vida personal como en mi trabajo como mentor. Tú también tendrás que emprender tu propia búsqueda, pero tranquilo, cuando des con la verdad, la reconocerás... a menos que te autoengañes y prefieras ignorarla.

Siempre he trabajado. Nunca he consumido ni un mes de paro. He sido asalariado, funcionario y emprendedor. Sé cuál de esas tres opciones es la perfecta para mí, pero también soy consciente de que lo que a mí me llena a otro se le puede atragantar. Por eso, jamás diré que lo mejor es ser esa opción o esta otra. Esa respuesta solo la tienes tú.

¿Puedes responderme sin pensártelo demasiado? Adelante, elige una de las tres opciones. Ahora, vuelve a preguntártelo pero tómate más tiempo antes de responder. ¿Coincide? ¿Has cambiado de opinión?

La experiencia te ayudaría a contestar, pero es probable que no hayas tenido el privilegio de estar en las tres modalidades de trabajo. Aun así, no te cortes, responde lo que sientas.

Para terminar la introducción, te gustará saber que siempre he podido ayudar a mis clientes a solucionar cualquier problema relacionado con el trabajo. Te ofreceré los consejos y pasos que han hecho que esto haya sido posible.

Empezamos fuerte. En el siguiente capítulo intentaré responder a la recurrente pregunta de: ¿tengo que buscar un trabajo que me haga feliz? Casi nada. Venga, vamos allá.

Un trabajo que me haga feliz

Creo que esta es una de las creencias más dañinas e idealizadas respecto al mundo laboral.

¿Todo el mundo debería tener un trabajo que le hiciese feliz?

Desde luego sería genial. Una maravilla. Pero la verdad es que no es algo muy común y... tampoco imprescindible para vivir una vida plena. Me explico: No es lo mismo tener un trabajo que te haga más feliz que ser feliz y tener un trabajo. ¿Ves la diferencia? Tranquilo, ahora me explicaré con más detalle y lo verás claro.

Muchas de las personas que anhelan un trabajo que les haga más felices se encuentran atrapadas en uno que les hace más infelices. Aquí está la gran diferencia. Entonces piensan que lo que necesitan es un trabajo que, activa y directamente, les haga más felices. Y esto, como veremos, no es del todo preciso.

Ahora ya ves que hay tres opciones:

1. Tener un trabajo que te hace aún más feliz.
2. Tener un trabajo que te hace aún más infeliz.
3. Ser feliz y tener un trabajo que no contribuye de forma directa a tu felicidad pero que tampoco te hace más infeliz. Puedes llamarlo neutral.

Ten claro que no todos los trabajos que idealizas tienen el enorme potencial de hacerte feliz.

¿Estrella del rock?

Meses de gira por todo el mundo. Lidiar con productores y magnates de la industria musical. Trasladar a toda tu familia cada dos por tres, cambiar a los niños de cole o, peor aún, no hacerlo y dejar de verlos durante meses. Decir adiós a tu vida privada y ser incapaz de salir a la calle. Kurt Cobain se pegó un tiro y no había estrella más grande que él en ese momento.

¿Jugador de fútbol profesional?

Sin apenas niñez ni adolescencia. Con una presión brutal. Gente coreando tu nombre en las gradas o poniéndote a parir, según el día. Lesiones. Malas rachas. Y si eres muy bueno igual te traspasan a un equipo de otro país y toda tu familia debe mudarse, con el trauma que eso puede suponer. A los diez años de retirarte, casi nadie te recuerda. Toma ya.

¿Actor de Hollywood?

Mil audiciones y cástines cuando estás empezando. Pruebas y enchufes. Viajes y rodajes larguísimos. Inexistente vida privada. Rumores y *paparazzis*. Divorcios millonarios y gente que se acerca a ti para chuparte la sangre.

Todas son profesiones muy bien pagadas. Millonarias. Multimillonarias. Pero también tienen su parte menos buena. Como todos los trabajos. TODOS.

No hay un trabajo exento de una cara negativa. Ni uno.

En su día pensé que mi felicidad profesional estaba en la Policía Local de las islas Baleares. Con todo en contra, sin ir a una academia para opositores y con un temario que ni siquiera sabía si era el correcto, me presenté a las pruebas. Tendría unos veintiún años.

Una a una, las superé todas. Mi sueño estaba cada vez más cerca. Solo quedaba un año de academia y podría empezar a trabajar. Aprobé con buena nota y a la semana estaba ejerciendo.

Sin embargo mis expectativas chocaron con una realidad que acabó con toda idealización. En unos meses, el trabajo que en teoría iba a hacerme feliz empezaba a hacerme más infeliz.

Lidiar con los políticos y sus compromisos. Con el viciado sistema, la maldita burocracia y los impedimentos a la hora de trabajar tal como creía que debía hacerse. Fue demasiado para mí.

Llegaba a casa y no me cabía en la cabeza que me estuviese pasando aquello. Aguanté un tiempo, e intenté pedir otro destino, pero no fue posible.

Intenté pasar de todo, como me decían los veteranos. Pero yo nunca he sido así. Soy la típica persona a la que le gusta hacer bien su trabajo y que los demás cumplan en el suyo. A veces eso es un problema.

¿Cómo acabó aquello? Ya lo ves. Lo dejé.

Y eso que no sabía si encontraría un trabajo que me hiciese feliz. Pero sí sabía que aquel me estaba destrozando. Solo tenía dos opciones: dejarlo o sacrificar años de mi vida esperando otra solución que no supusiese largarme.

Pensar que estaba ocupando un puesto que podría llenar a alguien me ayudó a tomar la decisión final. Lo que a ti no te gusta, puede que haga feliz a otra persona. Tenlo en cuenta.

No hay trabajos malos, solo gente incompatible con ellos.

Está claro: algunas personas son felices en trabajos que no parecen gran cosa y otras no lo son en otros que la mayoría desearía tener.

Una profesión puede parecerme insoportable a mí y fascinante a otra persona. Y viceversa.

Quizá te ayude este ejercicio que suelo proponer a mis clientes: imagina que cada mes te ingresan tres mil euros en el banco porque sí, por tu cara bonita. Pero la condición es que tienes que seguir trabajando en algo por lo que te pagarían. ¿Qué profesión elegirías? Tómatelo en serio. Contesta de forma realista. Si haces bien este ejercicio, obtendrás información muy relevante sobre ti.

Yo lo hice en su día: el trabajo de mis sueños sería pastorear un rebaño de ovejas y dedicarme a escribir por las tardes en una cabaña perdida en el culo del mundo. De hecho es mi plan para cuando me retire dentro de un tiempo.

¿Te parece una locura? Pues me encantaría. ¿Por qué? Porque encaja con mi manera de ser tranquila, individualista, solitaria y reflexiva. Esta es una de las claves: **busca un trabajo que encaje con tu personalidad.**

La siguiente gran pregunta es: «¿Cómo sé que un trabajo va conmigo, con mi personalidad?».

No es fácil contestar a esto. Te doy una pista: plantéatelo al revés: «¿Qué trabajo no soportarías?».

En mi caso, no podría desempeñar tareas repetitivas ni ocuparme de otras para las que no se necesitase una alta dosis de creatividad. No podría trabajar en lugares ruidosos, como una discoteca. Me costaría tener un jefe. No me sentiría cómodo con un oficio burocrático, no soporto el papeleo. No podría estar todo el día sentado. Tampoco elegiría oficios que me exigieran pasar mucho tiempo fuera de casa.

De esta manera, me aseguro de no despertarme una mañana teniendo que ejercer un trabajo que me disguste o que me haga infeliz.

Coge papel y bolígrafo y escribe una lista de trabajos que no soportarías teniendo en cuenta tu personalidad y tu carácter. A estas alturas, y habiendo superado el primer gran obstáculo hacia la felicidad —«La relación contigo mismo»—, no tendría que costarte completar este ejercicio.

Daniel quería dejar su empleo. Ya no aguantaba más. Trabajaba en una gran multinacional. Cobraba bien y tenía un horario muy bueno. Pero no lo soportaba. Quería mandarlo todo a hacer puñetas. De golpe, sin un plan B. Sin ases en la manga.

«¡Estoy hasta los cojones de esta empresa!», repetía cada poco.

Daniel estaba casado y tenía tres hijas. Recuerdo que antes de nuestra primera sesión, su mujer me llamó asustada pidiéndome que lo tranquilizara, que le daba miedo que su marido se fuese de la empresa a la tremenda y pudieran resentirse a nivel económico. No quería ver mal a su marido, pero temía por la estabilidad financiera de la familia. Comprensible.

Lo primero que hice fue calmarlo y escucharlo. Estaba muy quemado. Tenía razones para estarlo. No era una pataleta. Daniel era un gran profesional y sus aptitudes estaban infrautilizadas. Lo que en realidad sentía Daniel era una enorme e inevitable frustración que lo llevaba a sentirse infravalorado y muy poco realizado.

Un día dijo algo crucial: «Si me diesen el trabajo de José, lo haría mucho mejor y sería feliz». Detuve la sesión en seco y le pregunté qué puesto desempeñaba el tal José. No estaba mejor pagado que el suyo ni tenía un horario mejor. Era un puesto más intelectual y de mayor responsabilidad. Como supimos después, en ese departamento siempre les faltaba personal.

Comenzamos a trazar un plan que consistía en pedir un cambio dentro de la multinacional. Lo teníamos claro: queríamos un cargo como el de José, punto. Su superior se sorprendió, ya que nunca le había dicho nada al respecto. Le propuso tres meses de prueba en el nuevo departamento. Aceptó. Tuvimos la siguiente sesión tras una semana en su reciente puesto. Estaba feliz, emocionado. En la empresa estaban encantados con él y el antiguo puesto de Daniel fue ocupado por un joven que disfrutaba del sueldo y del horario que ofrecía la compañía.

Dos años después, Daniel sigue en su cargo.

Mi percepción sobre este tema cambió cuando, hace años, un buen amigo me dijo: «¿Si mi trabajo me hace feliz? Vaya... No necesito que mi trabajo me haga feliz. Cumplo mi jornada laboral lo mejor que puedo. Me pagan bien, tengo un buen horario, un jefe que no me molesta demasiado y algún que otro buen compañero. Pero lo que me hace muy feliz es lo que tengo fuera del trabajo: mi familia, mis *hobbies*, mis amigos, el tiempo libre, etc. Mi empleo financia todo eso. Mientras no me amargue ni me haga infeliz me vale. Creo que ahora mismo no lo cambiaría».

Quizá crees que tu trabajo tiene la culpa de tu infelicidad, pero antes deberías fijarte en tu vida personal y preguntarte si todo va bien. He tenido trabajos que no me gustaban, pero como mi vida personal estaba en orden, no me parecían tan mal. Era feliz igual. Pero claro, es más fácil acusar al trabajo que a tu vida personal. Plantéatelo antes de continuar.

Recuerda que hay personas con profesiones espectaculares, nóminas de cinco cifras y un coche de seis que no consiguen quitarse la cara de amargados que llevan sobre los hombros. ¿Por qué es así? En su interior y en su vida personal está la respuesta.

No deberías depender de demasiadas cosas para ser feliz.

Pero tienes que eliminar todo lo que no te permita serlo.

Estos dos pensamientos son igual de importantes. Por separado, quedan cojos. Intégralos.

En definitiva, si puedes encontrar un trabajo que te complete, que sume a la sensación de felicidad que sientes en tu vida, genial. Mucho mejor.

Pero no es imprescindible para ser feliz.

No puedo decírtelo más claro: hay personas felices con trabajos anodinos y otras muy desdichadas en puestos que darían envidia a cualquiera.

Si tu profesión te hace infeliz, si levantarte para ir a trabajar te parece una tortura, si te da la sensación de que te estás hundiendo con y por tu trabajo, si te pagan muy por debajo de lo justo o si haces tantas horas que no tienes tiempo para vivir... huye cuanto antes.

Planifica una salida y actúa.

Muchos te dirán que te conformes.

Yo te digo que te conformes cuando estés satisfecho. Nunca antes.

Llegados a este punto, ya sabes qué debes hacer para mejorar la relación contigo mismo, no vivir una mala vida en pareja y optimizar tu relación con los demás. Después de todo este trabajo, te debería costar menos encontrar un hueco interesante en el mercado laboral. A fin de cuentas, ¿qué empresario no querría contar con un empleado equilibrado, con valores, convicciones, humilde, que tiene una vida ordenada fuera del trabajo y que sabe relacionarse con clientes y compañeros?

¿Ves por dónde voy? Espero que sí.

Veamos ahora qué suelo hacer cuando un cliente llega a la conclusión de que quiere dejar el trabajo.

Cómo dejar un puesto de trabajo

Como ya has visto, Daniel estuvo a punto de dejar su trabajo sin que hubiera necesidad. Trazamos un plan y pudo disfrutar de su empleo en otro sector de la misma compañía.

No sé qué habría pasado si hubiera dejado la multinacional a la torera, tal como tenía pensado. Quizá hubiese encontrado otro trabajo pronto. O quizá no.

Dejar un empleo sin un plan B puede ser demasiado arriesgado. A lo mejor tardas en encontrar otro y un día se termina el paro, pero no tus obligaciones económicas. Entonces aparecen las urgencias y las prisas y quizá acabes aceptando cualquier empleo. No quieras ser de los que terminan echando de menos un trabajo del que se fueron por voluntad propia... y dando un portazo. He tenido a muchos así en mi despacho.

A eso lo llamo no hacer bien las cosas.

Debes tener agallas, sí, pero también cerebro.

La valentía sin inteligencia suele acabar en tragedia.

«Voy a dejar mi trabajo y me buscaré otro». Me han dicho esta frase cientos de veces. Y siempre respondo lo mismo: «¿Y por qué no lo haces mientras sigues en tu puesto?».

Nada te impide que empieces a tantear otras posibilidades sin dejar tu empleo.

A esto lo llamo aumentar las opciones.

Y cuantas más opciones, mayor poder.

He hecho esto con clientes decenas de veces. Empiezan a buscar alternativas mientras siguen trabajando. Acuden a entrevistas y, como no tienen prisa porque mantienen su empleo, encuentran oportunidades muy interesantes. Depende de lo que valoren. Por ejemplo, si sienten que les pagan poco, les aconsejo que no se presenten a entrevistas para trabajos en los que no se pague, al menos, un 50 por ciento más de lo que cobran en su empleo actual. Otro ejemplo, si quieren más tiempo libre, les recomiendo que descarten trabajos que tengan un horario peor que el de su empresa actual. Alucinarías con la cantidad de veces que la jugada nos ha salido bien.

Cuando entran en esta rueda de entrevistas y búsqueda de alternativas, su actual trabajo empieza a molestarles menos. Ya no se sienten tan agobiados ni estresados. Saben que ya no están ahí por obligación, sino por elección.

Si una de las entrevistas acaba bien y les ofrecen el puesto, todo cobra un interés máximo. En ese caso, tenemos dos opciones: aceptar el nuevo puesto y dejar el anterior o renegociar las condiciones del empleo actual.

Como entra en juego una nueva opción —hay una oferta encima de la mesa—, tenemos más poder. Pedimos un reajuste del sueldo, del horario, de las competencias o de todo a la vez. Y si no, nos vamos. *Boom*.

Es impresionante lo que se puede llegar a conseguir.

Juega tus cartas. Lo mejor que puedas. Siempre.

Todos lo hacen.

También puedes dejar un trabajo para montar tu propia empresa. Más adelante hablaré del emprendimiento, ya que creo que merece un capítulo especial.

En circunstancias normales, la mayoría de los empleos dejan bastante tiempo libre. Unas dos o tres horas. ¿Cuántas te ofrece el tuyo? Cuídalas, porque ese rato de ocio aumenta tus opciones y, como ya he dicho: cuantas más opciones, más poder. Por ejemplo, podrías dedicarlo a empezar un negocio online.

No es mala idea, puede ser rentable en poco tiempo. Pero debe hacerse con cautela.

Durante un tiempo, deberás compaginar ambos trabajos. Ser impetuoso y sobrevalorar tus capacidades, expectativas y predicciones puede jugarte una mala pasada.

He tenido clientes que me decían: «Si trabajando dos horas por las tardes gano cuatrocientos euros al mes, si le dedico ocho horas cobraré mil seiscientos euros». Ya. Suena estupendo. Es como decir que si meto un pollo en el horno al triple de la temperatura recomendada lo tendré el triple de rápido. A veces no funciona así. Ojalá.

Debes mostrarte frío, calmado y sosegado en todo momento. Igual se te ocurre una idea de negocio o ves un hueco en el mercado y piensas que puedes apostarlo todo al caballo ganador. En ocasiones ni una ni otra opción garantizan el éxito a la hora de emprender.

Y no hablemos de cuando alguien empieza a invertir en bolsa o en criptomoneda un dinero que no puede permitirse perder.

Valentía, sí. Prudencia, también.

Una forma segura de dejar un trabajo consiste en tener un buen colchón financiero (hablaré sobre ello más adelante, en el capítulo «El dinero», otro de los 6 obstáculos hacia la felicidad). Puedes dejar tu empleo porque sabes que tu situación económica te da varios años de margen. Pero bueno, no es lo habitual.

Por último, hay un concepto que te permitiría contar con muchas opciones a la hora de dejar un trabajo sabiendo que pronto encontrarás otro mejor. Me refiero al capital laboral. Lo veremos en el siguiente capítulo.

Capital laboral

Me encanta este término. Propiedad de Cal Newport. Ojalá se me hubiese ocurrido a mí. Su definición de capital laboral es la siguiente: «Si quieres tener un trabajo genial, tendrás que adquirir habilidades escasas y valiosas para ofrecerlas a cambio».

Eso es el capital laboral.

Tu valor como trabajador. Lo que sabes hacer. Los conocimientos y habilidades que posees. Los problemas que puedes resolver. Aquello con lo que cuentas y no tiene mucha más gente.

Todo el que veas con un gran trabajo y que gane mucho dinero tiene un capital laboral valioso. Poseerá unas habilidades escasas muy útiles. Sabrá hacer algo que pocos dominan o lo hará de una forma concreta y única.

Eso vale mucho, porque hace ganar dinero.

Es un concepto increíble que puede potenciar tus posibilidades en el mercado laboral. Aunque estés sin trabajo. Y ahí está la gracia.

Plantéate dos preguntas con frecuencia:

La primera, ¿cómo puedo aumentar mi capital laboral?

La segunda, ¿esto hace que crezca mi capital laboral?

Empieza con la primera. Es determinante. Puede cambiar toda tu carrera profesional. Haz una lista. Conviértela en un plan de acción.

Aquí tienes un par de ideas: aprende otro idioma, lenguaje HTML, marketing, *copywriting*, mejora tu aspecto, etc. Lo que sea, pero que te sirva. Que se vea como un valor añadido. Que te revalorice como empleado o candidato a un empleo.

También te sirve si eres emprendedor o empresario. ¿Qué podría aumentar tu capital laboral en estos casos? Aquí tienes unos ejemplos: aprende contabilidad básica, estudia ruso, chino o japonés, infórmate sobre estrategias de venta o sobre las campañas de publicidad en las redes sociales, apúntate a un curso de diseño web, averigua cómo crear una tienda online, etc.

Cuanto más capital laboral, más oportunidades y mayor probabilidad de éxito.

¿Qué sabes hacer que casi nadie sepa?

Ahí está la clave. Y no son muchos los que se lo plantean. Toma ventaja con esto.

Sé que no son dos preguntas sencillas de responder. Si no se te ocurre nada inténtalo con estas otras dos: «¿Qué podría aprender que casi nadie sepa?» o «¿Qué problema podría solucionar y los demás no?».

Porque solucionar problemas da dinero. Mucho.

Parece ser que Elon Musk dijo que a uno se le paga en proporción directa a los problemas que resuelve. Y estoy de acuerdo con él.

Para valorar tu capital laboral, primero debes ser consciente del que tienes. Luego, amplíalo. Dale al coco, plantéate de qué capital laboral dispones y no usas. Quizá puedas empezar a sacarle rendimiento. Casi todo es monetizable si se utiliza de forma inteligente y enfocada.

Que se lo digan a esos niños que se graban para YouTube mientras se entretienen con sus juguetes y ahora nadan entre miles de dólares. Por ejemplo, mira el caso de Ryan Kanji, que con nueve añitos ya acumulaba unos ingresos de treinta millones de dólares gracias a su canal. Treinta millones por pasárselo bien con sus juguetes, hacer experimentos y subir los vídeos a un canal de YouTube.

Mi admirado Seth Godin decía: «Puede que no tengas un talento innato, pero puedes tener un compromiso innato». Y no me refiero a tener un compromiso fuerte con la empresa para la que trabajas, que también, sino con tu carrera profesional. Da igual si eres asalariado, funcionario o empresario.

«En un mercado atestado donde encajar es fracasar, no destacar es lo mismo que ser invisible», escribió también Godin. No puede ser más cierto. ¿Qué te destaca a nivel profesional?

No sé tú pero yo veo a personas destacar en sus trabajos a diario, a veces en los sitios más inesperados:

Un camarero atento, rápido y sonriente.

Un librero que sabe qué libro podría gustarte.

Un carnicero que te explica cómo cocinar mejor la pieza que estás a punto de llevarte.

La cajera del súper que te ayuda a meter la compra en las bolsas y te desea un gran día.

El quiosquero que te guarda el coleccionable de la semana pasada que no pudiste ir a comprar.

El panadero que te da la barra de pan más doradita, como sabe que te gusta.

Todos tienen un capital laboral valioso. Del tipo que fideliza a su clientela. Del que hace que sus jefes ni sueñen con despedirlos. Del que escasea. Del que todos los empresarios buscan y les cuesta encontrar.

Sé así y nunca te faltará un buen trabajo.

El capital laboral no está relacionado con tener un gran currículum. Es mejor que eso.

Quien tiene un capital laboral valioso no necesita currículum.

En el siguiente capítulo te daré mi opinión sobre si es mejor ser asalariado o emprendedor. Intentaré dejártelo muy claro.

Emprendedor o asalariado

Parece que vivimos en la era del emprendimiento. Casi todos los cursos, libros, anuncios en redes sociales, canales y programas relacionados con el mundo profesional se dedican a este tema.

Como si fuese la única solución... Pero, por supuesto, no lo es. No te digo que no sea un muy buen momento para emprender, porque es así, sino que no todo el mundo está hecho para hacerlo.

Y no pasa nada. No me gusta el complejo de superioridad del nuevo emprendedor. Ni que se mire al asalariado por encima del hombro. Muchos de ellos ganan bastante más que la mayoría de los empresarios. Yo mismo he ganado un dineral trabando para otros, más que cuando era funcionario, por ejemplo.

La verdad es que algunas personas están hechas para dirigir y tomar decisiones y otras, para ejecutar maravillosamente las órdenes que reciben.

Unos disfrutan pensando todo el día en su empresa y otros valoran poder desconectar del trabajo al terminar su jornada laboral.

No hay una cosa mejor que otra.

En mi caso, sé que he nacido para emprender. Me encanta. Adoro la responsabilidad, la capacidad de decisión, que la empresa dependa de mí, superar los baches, crear nuevos servicios, hacer pruebas y experimentos, dirigir, tener ideas, etc.

¿Para qué estás hecho tú?

No digas «no lo sé». Oblígate a responder, aunque dudes. Puede que la respuesta te sorprenda.

En mis sesiones, disfruto con este tipo de mentorías. Cuando un cliente busca un nuevo trabajo y no sabe por dónde empezar y, sobre todo, cuando me trae una idea para emprender, quiere montar una empresa o abrir un negocio y necesita mi opinión.

A veces es duro, porque no siempre son buenas ideas o estructuras de negocio con potencial. En ese caso, con mucho tacto, me veo obligado a decir: «No lo veo, dale otra vuelta».

Lo más frecuente es que alguien quiera convertir su pasión en un negocio. Su *hobby*, en una empresa. Y es uno de los principales errores.

Casi todas las pasiones o *hobbies* pueden convertirse en un negocio o empresa. Pero no todos tienen detrás un gran emprendedor en potencia.

Recuerdo el caso de Julio. Su pasión era el surf. Como vivía en Mallorca, lo vio clarísimo: abrir una tienda de surf. Le dije que no lo veía, que le faltaba más estudio de mercado. Que sus números eran básicos. «Que no, Joan, esto es mi vida. Le voy a poner todo el corazón, ya lo verás», decía. Cerró en un año. Y eso que vendía mucho, pero solo durante cinco meses. Los otros siete apenas cubría gastos. Sus números no eran correctos.

Otro ejemplo de esto fue Nuria. Apasionada de las bicicletas, pero en una de las comunidades autónomas más lluviosas de España. «Te encanta montar en bici cuando llueve, sí, pero ¿y a los demás?», le pregunté. Su mala gestión económica provocó que cerrara en menos de un año y que perdiera casi todos sus ahorros.

Si conviertes tu *hobby*, tu pasión, en un negocio, corres el riesgo de cargártelo. De dejar de disfrutarlo. Y también puedes acabar con tu economía personal. Piénsatelo bien, en frío, y no caigas en fantasías. Ya has visto en otros capítulos lo fatídico que puede ser idealizar algo. Quizá es mejor que sigas disfrutando de tus *hobbies* y pasiones y que los separes de tu vida profesional... A menos que hayas hecho bien los deberes (y los números) y tu negocio sea muy viable.

Otro caso frecuente en mis sesiones es que alguien me contrate y me pida opinión sobre una oportunidad de mercado. Un hueco en la oferta. Una demanda sin atender.

Por norma, son personas que nunca han llevado un negocio y que creen haber dado con la idea del siglo.

«Quien monte esto se forra. Lo voy a intentar. ¿No te parece, Joan?».

La verdad es que casi nunca me lo parece.

Porque quien me lo cuenta no sabe apenas nada sobre el negocio que pretende emprender.

«Se ha jubilado la churrera de mi pueblo y siempre tenía lleno. Creo que abriré una churrería», me decía Patricia. Le pregunté si sabía algo sobre churros. «No será tan difícil», respondió. La primera semana tenía lleno. La segunda, no repitió casi nadie. No sabían igual que los de la churrera de toda la vida. En un mes, había cerrado. Bien que hizo. Si ves que te has equivocado, es mejor cerrar. A veces, rendirse es la mejor opción. La épica no es siempre positiva.

«Camisetas con mensajes graciosos, Joan. Antes se hacía mucho y la gente siempre compraba. Ahora han pasado de moda y no hay competencia. Me voy a meter», me comentó Carlos hace dos años. Le pregunté si los mensajes los iba a redactar él, si sabía de estampación o pensaba trabajar con una buena empresa, si tenía margen o si sabía cuántas camisetas debía vender al mes para sacarse un sueldo. «No hace falta, ¡es tiro fijo!», dijo. No ganó ni para recuperar la inversión inicial.

No es que emprender sea muy difícil.

Pero no es tan sencillo como parece.

Muchos asalariados sienten que se pierden algo al no emprender. Puede que sí y puede que no. Todo tiene una parte buena y otra mala. Ya sabes. Emprender tiene puntos positivos y negativos. Igual que trabajar para otro.

Hay asalariados felices y emprendedores felices.

Asalariados infelices y emprendedores infelices.

Asalariados que disfrutan de su empleo y otros que no lo hacen.

Emprendedores que aman su trabajo y otros que lo odian.

Asalariados que desean emprender y emprendedores que matarían por volver a trabajar para otro.

Solo tengo muy claro algo al respecto: **si estás hecho para ser emprendedor, pierdes el tiempo siendo asalariado.**

Y viceversa.

Si tienes el gusanillo por emprender, antes asesórate. Intenta controlar todo lo que puedas y compensa con trabajo e inteligencia lo que se te escape. No te endeudes demasiado (mejor en absoluto). Procura no necesitar socios ni trabajadores, al menos al principio, hasta que sea imprescindible (será buena señal). Haz montones de números. Sé realista. Mantén un nivel de vida bajo durante un tiempo. Ahorra todo lo que puedas antes de empezar. Y, finalmente, lánzate.

Sé prudente, y si tienes que rendirte, hazlo cuando aún no lo hayas perdido todo.

Y no descartes volver a trabajar como asalariado o por cuenta ajena. Quizá logres una carrera bestial de esta manera, muchos lo han hecho.

Y recuerda: ser emprendedor no es ni mejor ni peor. Solo es una opción más.

Estás llegando al final de este gran obstáculo hacia la felicidad. Pero necesito decirte algo muy importante que no está muy relacionado con lo que te he contado hasta ahora. Algo que resulta vital pero que olvidamos con demasiada facilidad. Sigue.

Sé siempre agradecido

Antes de cerrar esta parte del libro me gustaría recordarte el privilegio que sigue siendo hoy en día tener un trabajo. Contar con la posibilidad de ganarte la vida, aunque no sea al nivel que deseas.

Crecí en un barrio donde la gente lo pasaba realmente mal. Solía oírse esta frase: «Solo quiero trabajar, llevar el pan a mi familia. Trabajaría de lo que fuese». Me partía el corazón. Personas que, aun queriendo y buscando, no encontraban un trabajo con el que salir adelante.

Tienes la obligación moral de ser agradecido con lo que te ofrece la vida. Dar las gracias por tener la posibilidad de trabajar. Por pagar un techo bajo el que vivir. Por llevar comida a casa. Por vestir a tus hijos con ropa de abrigo cuando hace frío.

Por eso, cuando estés a punto de quejarte por tu trabajo, piensa que muchas personas darían lo que fuese por ocupar tu lugar.

No quiero decir que debas conformarte con cualquier empleo por el mero hecho de tenerlo. Pero mientras tengas algo, da gracias.

Además, los desagradecidos no tienen carreras profesionales destacables, ni fundan empresas de éxito, ni son valorados por la empresa para la que trabajan.

Hazte un favor y piensa en ello.

Y ahora sí: el cierre.

Cierre

La carrera profesional de cada persona es un mundo.

Hay pocas leyes y reglas generales en las que puedas confiar a ciegas.

Tendrás que buscar tu lugar ideal.

Recuerda que no necesitas que tu trabajo te haga necesariamente más feliz, pero no debes permitir que te haga más infeliz.

Si esto sucede, recógelo todo y márchate cuanto antes.

Pero sin locuras. Es mejor tener un trabajo que no te guste que no tener pan para comer.

En cualquier caso, sé agradecido pero no te conformes antes de tiempo. Hazlo cuando estés satisfecho, nunca antes.

Da lo mejor de ti. Crece todo lo que puedas. Pero no pises a nadie por el camino. No vale la pena.

Las malas experiencias laborales y profesionales enseñan tanto o más que las buenas.

Y no tengas prisa. Como decía Mary Schmich —periodista y columnista ganadora de un Pulitzer— en su inmortal columna para el *Chicago Tribune*: «No te sientas culpable si no sabes lo que quieres hacer con tu vida. Las personas más interesantes que conozco no sabían lo que querían hacer con sus vidas a los veintidós años. Algunas de las personas de cuarenta años más interesantes que conozco... aún no lo saben».

Prueba. No temas. Reúne experiencia primero y dinero después. En mi caso, para trabajar y aprender en según qué sitios, llegaría a pagar.

Ha llegado el momento de avanzar hasta el siguiente gran obstáculo en el camino hacia la felicidad. Después de hablar del trabajo, quizá te imagines de qué se trata... Exacto, toca hablar de dinero, un tema tan poco romántico como necesario.

Prepárate un té o un café y empecemos.

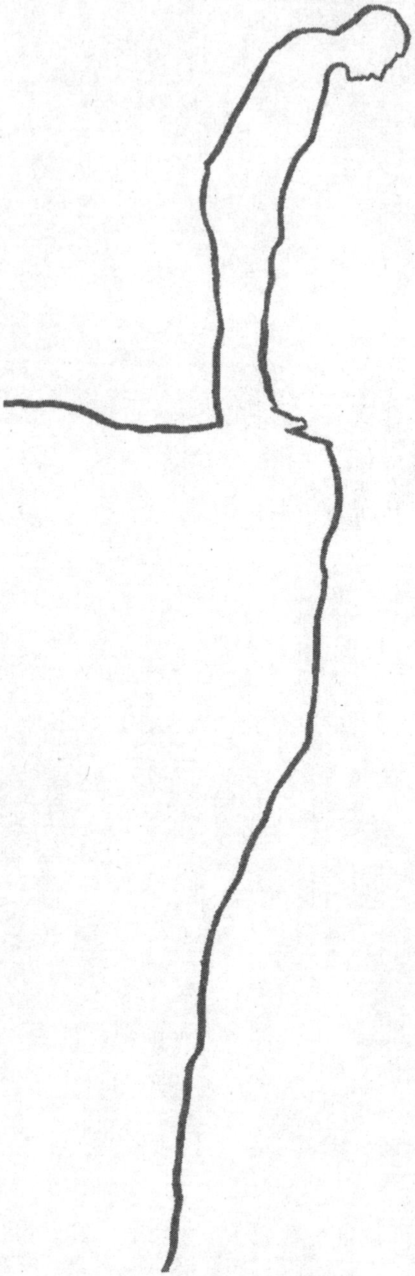

EL DINERO

El dinero es el quinto gran obstáculo hacia la felicidad.

¿Y por qué el quinto? Porque es difícil que puedas organizar tu economía personal si antes no pones orden en la relación contigo mismo, en tu vida sentimental, en tus relaciones personales y en tu vida profesional. Necesitaba que trabajaras todos estos obstáculos antes de llegar aquí. Ahora te costará menos superarlo.

Hablar de dinero no es sencillo, para nada. Es un tema muy sensible. Siempre hay y habrá alguien sufriendo por un problema económico.

Tampoco me extraña. No es una asignatura que se enseñe en el colegio, y en la mayoría de las familias está mal visto hablar de dinero. En realidad, está mal visto hacerlo casi en cualquier escenario.

Aún recuerdo la vez que le pregunté a un profesor cuánto ganaba al año. Su respuesta fue: «Gallardo, vaya a buscar un parte al director».

También me acuerdo de la primera vez que ayudé a alguien a ordenar sus finanzas personales. Le pedí que me pasara un informe con varios datos, entre ellos lo que ingresaba y gastaba mensualmente, su patrimonio y el dinero que tenía en casa y en el banco.

Aún me río con su primera respuesta: «¿Es necesario que te diga lo que gano cada mes?». Hace gracia pero la verdad es que no la tiene.

Debemos tener la posibilidad de hablar más abiertamente sobre dinero, inversiones, negocios, proyectos, etc. Mucho más.

Porque la gente no habla de dinero, se queja de él.

Y sí, los sueldos son demasiado bajos.

Y sí, los precios son demasiado altos.

Y sí, los impuestos son criminales.

Pero no puedes arreglar esto ahora mismo.

Céntrate en lo que puedes cambiar.

En tu capacidad de acción.

En hacer lo que tienes que hacer.

En quejarte menos, ser más hábil e inteligente... y esforzarte más.

¿Qué tal? ¿Cómo te sientes? ¿Incómodo?

Tranquilo, es normal. Sigue leyendo. Te prometo que lo que viene te ayudará. Confía en mí.

Como he dicho en varias ocasiones, tengo claro que **el dinero no da la felicidad, pero tener problemas económicos puede hacerte muy infeliz.**

¿Por qué?

Porque a pesar de que todo lo demás funcione —aunque tengas buenos amigos, una pareja estupenda, salud y demás—, los problemas económicos ocupan demasiado espacio en tu mente y condicionan tu día a día.

¿Tus amigos te llaman para salir a cenar?

Mierda, no puedes permitírtelo. No te da ni para irte de cañas.

¿Es el cumpleaños de tu pareja?

Maldita sea, no puedes comprarle nada.

¿Quieres ver mundo?

Ni hablar. Sueñas.

¿El coche hace un ruidito y necesitarías llevarlo al mecánico?

Si no tienes dinero ni para gasolina, como para pagar un arreglo, con lo caros que son.

Casi todo te recuerda lo que no puedes hacer porque no tienes pasta. Vives haciendo números. Pensando en si llegarás a final de mes. En si tendrás que pedir prestado. En si te bastará el combustible para toda la semana. En el desastre que sería que te quedases sin trabajo. En si podrás pagar el alquiler o la hipoteca.

Y, sobre todo, te preguntas si todo esto seguirá siempre así.

Si tu vida será ESTO.

Me alegra decirte que la respuesta es que no. No tiene que ser siempre así. Las cosas pueden cambiar.

Hace muchos años que ayudo a mis clientes a mejorar su situación económica. No les prometo que pueda convertirlos en millonarios ni que facturen «seis dígitos», como tanto se lee y se escucha por ahí. Pero sí puedo prometerles una gran mejoría y una serie de enseñanzas que funcionan. Y ahora te lo prometo a ti, y yo soy de esos hombres chapados a la antigua que se toman en serio sus promesas.

Quiero darte todo lo que yo habría querido saber cuando pasaba noches sin dormir por culpa del dinero... y ahora sé.

Porque puedes vivir mejor.

Puedes poner orden en tu situación financiera y mejorar tu relación con el dinero.

Solo tienes que aprender algunos conceptos básicos de contabilidad y descubrir qué errores has cometido hasta hoy para no volver a caer en ellos.

La libertad financiera no es ganar un pastón, sino aprender a controlar tus finanzas.

Conocer las reglas del juego y seguirlas bien.

Si lo consigues, te desharás de tus problemas económicos o te colocarás en una situación inmejorable para llegar a conseguirlo.

Pero recuerda: el dinero no da la felicidad, pero elimina la infelicidad que provoca no tenerlo.

Hace años, y durante bastante tiempo, sufrí mucho con este tema. Varias decisiones erróneas provocaron que mi situación financiera fuese funesta y no había mes que no llegase justo. Fueron incontables las veces que tuve que pedir dinero para pasar los últimos días antes de cobrar la siguiente nómina.

Es cierto que durante algún tiempo cobré un sueldo bajo, pero cuando empecé a ganar mucho más, mi situación tampoco mejoró ya que seguía cometiendo los mismos errores. Era como una maldición. Daba igual si ganaba ochocientos euros o tres mil, a final de mes siempre estaba igual: sin un duro.

A veces es necesario que la vida te dé una buena hostia para que cambies ciertos aspectos negativos de ti. Yo recuerdo a la perfección el día que recibí la mía.

Una mañana entré en el súper a hacer la compra. Un poco de pollo, una lechuga y una botella de agua. Quedaban unos diez días para cobrar, y ya sabía que a esas alturas del mes no podía hacer mucho gasto, pero tampoco era consciente de cuánto dinero tenía en el banco.

Me dirigí a la caja a pagar mi abundante y ostentosa compra. Eran unos seis euros y pico. Di mi tarjeta y la cajera me dijo: «No pasa. ¿Tienes otra?». Le contesté que no, que hiciera el favor de volver a pasarla. Su respuesta me dejó torcido: «No se trata de volver a pasarla, podríamos estar así todo el día. Lo siento». Vamos, que lo que tenía en la tarjeta no daba ni para pagar esa maldita compra.

La gente de la cola se me quedó mirando. No podía sentirme

más inútil, más avergonzado y más pringado. Días antes había salido de marcha y me había fundido cien euros. Tenía ganas de llorar. Me lo tenía más que merecido.

Dejé el pollo en su sección y fui a colocar el resto en sus respectivas estanterías cuando, de repente, sucedió algo que nunca olvidaré.

Cuando iba a dejar la lechuga en su sitio, apareció mi madre.

Es de esas personas que, cuando algo no va bien, se dan cuenta al instante. Directa, me preguntó: «¿Qué pasa?». Le mentí. Le dije que tenía la tarjeta caducada y que no había podido pagar la compra. No se lo tragó pero no dijo nada. Sacó veinte euros de la cartera y me los dio. Volví a coger la compra, pagué y me fui a casa.

Estaba avergonzado. No podía estar haciendo peor las cosas. Me sentía decepcionado conmigo. No me quedaba otra que aceptar la responsabilidad de mis errores. Al cabo de un rato mi tristeza se convirtió en ira, y mi ira, en coraje. Apreté los dientes y cerré fuerte los puños, me puse en pie —literal— y exclamé: «¡Nunca más volverá a pasarme algo así! ¡Voy a poner toda esta mierda en orden!».

Y vaya si lo hice. Al día siguiente fui a trabajar con un montón de ideas y estrategias de negocio para mi jefe. Le propuse que me bajase el sueldo a cambio de ganar más si cumplía ciertos objetivos. Dejé de salir y no gastaba un céntimo que no pudiese permitirme. Pensaba y reflexionaba todas las decisiones económicas. Me dejé el pellejo trabajando y pronto empecé a ganar casi el doble que antes y a gastar la mitad. A los pocos meses tenía más dinero ahorrado que en toda mi vida.

Me entregué a uno de los principios que he ido repitiendo en este libro: me enfrenté a la verdad e hice lo que debía.

Ya sabes: uno tiene que hacer lo que tiene que hacer, apetezca o no.

Llénate de esperanza porque siempre se puede hacer algo.

Siempre se puede mejorar.

Llevo muchos años comprobándolo con cientos de clientes. Busca tu margen de acción.

¿Qué es lo que está en tu mano?

Aprender a gastar menos y mejor. Tomar mejores decisiones. Ganar más dinero y no gastar el que no tienes.

Llevar un nivel de vida que te puedas permitir.

No vivir nunca por encima de tus posibilidades.

Incluso, aprender a hacerlo por debajo de ellas.

Dejar de creer que, cuanto más tienes, más feliz eres, porque ese tipo de pensamiento acabará metiéndote en problemas y... haciéndote más pobre e infeliz.

Así, con trabajo y tiempo, un día podrás decir que tu relación con el dinero es sana y limpia.

Que por fin eres libre de los problemas económicos.

Vamos allá. Empecemos.

La relación con el dinero

Antes de entrar en cuestiones prácticas, me gustaría hablarte de la relación con el dinero. Para mí, la causa de todos los problemas posteriores.

Responde sinceramente a las siguientes preguntas. Quizá nunca te las hayas planteado. Como te he explicado al principio del capítulo, a todos nos iría mejor si se hablase más de este tema. Pues vamos a hacerlo. Si te expresas mejor por escrito, anota las respuestas.

¿Qué significa el dinero para ti? ¿Qué valor le das? ¿Qué quieres hacer con él? ¿Qué cantidad consideras suficiente para vivir tranquilo? ¿Qué nota te pones en cuanto a la gestión de tus finanzas? ¿Qué podrías mejorar?

Muchos odian el concepto «dinero». «El dinero es el mal de este mundo», dicen; también yo solía decirlo. Sin embargo, no es cierto. En sí, el dinero no es malo ni bueno. En todo caso, será perverso el uso que le dé el individuo que lo maneja o lo busca. Y eso es así. Sería mejor decir lo siguiente: «La codicia y la avaricia son el mal de este mundo», «El poder que ejercen algunos a través del dinero es el mal de este mundo» o bien «El ser humano malvado y egoísta es el mal de este mundo». No son conclusiones perfectas pero, sin duda, sí más acertadas.

Además, si no existiese el dinero, los abusos y las maldades seguirían existiendo. El lugar del dinero lo ocuparía el oro, la plata, los diamantes, los camellos, las gallinas o las ratas almizcleras. Vete a saber.

Si odias el dinero, como hacía yo, acabarás teniendo problemas.

Porque todas las personas que he conocido con problemas económicos tenían una mala relación con el dinero. Hablaban mal de él. Huían de él. No lo respetaban y gastaban como si no hubiese un mañana o se obsesionaban con él a niveles absolutamente enfermizos.

Deja que te plantee algunas preguntas, las mismas que te haría si contrataras mis servicios.

¿Sabes con exactitud cuánto dinero tienes en el banco? ¿Y en casa? ¿Eres consciente de lo que gastas cada mes? ¿Sabes a cuánto ascienden tus gastos ordinarios mensuales? ¿Y anuales? ¿Has calculado cuánto dinero acabarás devolviendo al banco por los intereses de tu hipoteca? ¿Sabes cuánto te costará al final el coche a plazos que te has comprado? ¿Cuánto gastas en cenas fuera de casa al año? ¿Y en el súper? ¿Y en ropa? ¿Y en ocio? ¿Y en cafés en el bar? ¿Y en chocolatinas? ¿Y en revistas?

Cuanto mejor sea tu relación con el dinero, más preguntas de este tipo sabrás contestar. Así de sencillo. Lo que no controlas, se desmadra y da problemas. Punto.

«¡*Carpe diem*, tío! ¡Hay que vivir, Joan!», dirás. Por supuesto, y durante muchos años, si puede ser. Por eso no puedes ir gastando todo el dinero que ganas. Además, el poeta romano que concibió esta expresión, Horacio, no se refería al dinero sino al tiempo. A no malgastarlo. A no tirar los días. Ese rollito del *carpe diem* me suena a excusa barata para gastar sin culpa. Incluso cuando era yo el que lo decía.

«¡A vivir, que son dos días!». Pues como sean tres, estás jodido.

Si sanas y ordenas tu relación con el dinero, podrás darle la importancia que tiene. La justa. Ni más ni menos. Merece muchísimo la pena.

En el fondo, la rabia, el asco y el odio hacia todo lo relacionado con el dinero casi siempre esconde una cosa: el miedo. El miedo a la escasez. A la ruina. A la pobreza. A la degradación y el consecuente descenso de clase social.

Qué fácil es odiar lo que se teme...

Y qué difícil admitirlo.

¿Por qué la mayoría de mis clientes con problemas financieros no han hecho números antes de contratarme para solucionar su economía personal?

Porque les da miedo.

¿Por qué no sabes cuánto acabarás pagando por la hipoteca o por el coche?

Porque te asusta descubrirlo.

¿Por qué no quieres saber cuánto gastas al año en ocio?

Porque ojos que no ven, corazón que no siente.

¿Y por qué los autónomos no queremos saber a cuánto nos sale la hora trabajada?

Porque tememos ver lo barata que la vendemos. Deja que te diga algo: solo podemos esquivar una hostia si abrimos los ojos y la vemos venir. Punto.

Debes conocer la realidad para tener la posibilidad de cambiarla.

Anímate a responder a las preguntas que acabas de leer.

No tengas miedo. O tenlo, pero aun así, hazlo.

No hace falta que mires el extracto del banco a diario ni que empieces a pedir facturas hasta de un paquete de chicles. Pero debes ser consciente de tu situación financiera en todo momento para saber qué puedes hacer al respecto.

Arkaitz contactó conmigo para que le ayudara a mejorar el funcionamiento de su negocio. Antes de nuestra primera videollamada, le pedí que me enviara los números de la empresa. Cuando los tuve, pensé: «Están muy bien. Gana mucho para su edad. Se puede mejorar, pero son datos muy positivos. ¿Qué problema hay?».

Comenzamos la sesión y fui directo a la yugular: «Hablemos de tu nivel de vida». Se puso pálido en un segundo. Me lo veía venir.

Ingresaba mucho dinero, pero se lo gastaba prácticamente todo.

Y aquí viene otra de las verdades que he descubierto: que puedas pagar algo no significa que puedas permitírtelo.

Arkaitz ganaba entre cinco y ocho mil euros «limpios» al mes.

En el banco tenía unos mil quinientos euros. Ridículo.

Solo en préstamos soportaba unos gastos mensuales de casi tres mil euros. Unos ochocientos euros en comida y suplementos deportivos y otros tantos en ocio. Solo en cafés en el bar, ciento veinte euros al mes, pues tomaba cinco al día (para despejarse, dijo). Añade a esto el alquiler de la casa, un viaje cada dos meses, seguros, ropa, gasolina y un par de gastos más y obtendrás el panorama completo.

Pero claro, el problema era el negocio.

Arkaitz era el típico caso de alguien que siempre gasta un alto porcentaje de lo que ingresa. Que su negocio facturase un 15 por ciento más no habría supuesto un cambio en su economía.

Esto es tener una mala relación con el dinero.

Un perfil como el suyo debería ahorrar al año al menos un 30 por ciento de lo que ganara. Como poco, unos veinte mil euros al año.

Justo lo que consiguió hacer tras un año trabajando conmigo en las mentorías.

He conocido personas que, con poco más de mil euros de sueldo, viven más holgadamente que otras que ganan tres mil.

Y te puedes enfadar lo que quieras. Es la reacción habitual. Lógica. También yo me enfadaba cuando alguien me quería dar un consejo sobre finanzas personales. Qué me vas a contar.

Pero es la verdad: si tu economía no va bien, lo más probable es que te falten herramientas, conocimientos y una mejor relación (o filosofía) con el dinero.

No puedes seguir defendiendo un estilo de vida que te hace malgastarla.

Has leído bien. Porque malgastar dinero es malgastar el tiempo que inviertes en ganarlo.

Y eso es igual a malgastar vida.

Respeta tu dinero y respetarás tu tiempo. Y tu vida.

Sin duda, uno de los principales enemigos de la economía de cualquiera es el materialismo. Es tu siguiente parada.

El materialismo

Thoreau decía que «un hombre es rico en relación con el número de cosas de las que puede prescindir». En su momento, me sorprendió darme cuenta de todas las cosas de las que podía prescindir y lo bien que me sentía después. Thoreau era muy listo, desde luego.

Antes, cuanto más infeliz era, más materialista me volvía. Más quería comprar y poseer. No creo que fuera consciente de ello, pero parece evidente que intentaba tapar huecos internos con bienes externos. Y eso nunca funciona.

Cuando aprendí a ser feliz, lo primero que percibí, con una mezcla de sorpresa y alegría, fue que prácticamente no deseaba comprar nada. Ya no me seducía lo material, sino una vida sencilla. Tenía más necesidad de deshacerme de objetos que de adquirirlos. Y lo hice. De este modo descubrí lo que considero el antimaterialismo: el minimalismo.

Dejé de acumular de golpe. Quería tener lo mínimo posible. Solo lo que me gustase y mejorase un poco mi vida. Todo lo demás: fuera.

A lo largo de la historia, muchos filósofos han coincidido en que una vida feliz es una vida sencilla. Incluso el grandioso filósofo pesimista Schopenhauer estaba de acuerdo con esto.

Thoreau llegó a deshacerse de tres piezas de piedra caliza que decoraban su famosa cabaña porque no quería perder el tiempo quitándoles el polvo.

No falla: las personas felices no son materialistas, no acumulan bienes ni se pasan los días pensando en gastar.

No es necesario que abraces el minimalismo, ni mucho menos, pero plantéate qué hay detrás de tus ansias por comprar.

Tu plenitud y satisfacción en la vida no dependen ni dependerán de lo que puedas adquirir. Si lo piensas, llevas toda la vida comprobando que esta afirmación es cierta, ¿verdad?

No digo que tener bienes sea malo. Acumular montones de ellos que no nos llenan, sí. No tiene sentido tener cincuenta prendas de ropa que no te pones. Tampoco guardar una pila de revistas antiguas que jamás volverás a mirar. O tener una colección de zapatos interminable para acabar llevando los mismos tres pares de siempre.

Yo, por ejemplo, gasto más al mes en libros que en comida. Pero es que adoro leer libros. Tenerlos. Verlos en la estantería. Disfruto repasando mi biblioteca y releyéndolos. Y me encanta pensar que mis hijos heredarán todo ese conocimiento.

Tengo muy poca ropa, apenas zapatos, pero siempre me apetece ponerme lo que tengo. Tampoco poseo aparatos electrónicos más allá del móvil y el ordenador. Mi coche tiene veinte años, pero disfruto al conducirlo como el primer día.

Solo guardo lo que me gusta y me llena. Pero si no tuviese eso, mi vida seguiría igual de plena. No siento apego por lo material.

Salgo a comer fuera con una frecuencia y desembolsos coherentes con mis ingresos.

Mi vida tiene espacio y se ha liberado por completo de deseos materialistas. Me gusta no poseer mucho y no me interesa adquirir nada excepto, quizá, libros.

¿Cuánto tiene que ganar alguien que apenas siente el deseo de comprar? Mucho menos que una persona que sí lo tiene.

Quiero proponerte un ejercicio que hice en su momento y que sigo planteando a mis clientes: date una vuelta por casa. Revisa los armarios, las estanterías, el trastero... Identifica todo aquello que ya no usas o infrautilizas. Intenta recordar qué te costó y ve anotándolo. Por ejemplo, ropa y zapatos que no te pones o apenas te has puesto. Electrodomésticos que no hacía falta comprar. Videojuegos que tienes olvidados. La cuenta de HBO que no miras porque estás enganchado a una serie de Netflix. La bici que cría malvas en el garaje. La guitarra que tocas una vez al año. Suma el total. Cuidado, el susto puede ser mayúsculo.

De ese total podrías recuperar una parte si lo vendieras en el mercado de segunda mano, pero otra no. El objetivo es que seas consciente de que has manejado y gastado una cantidad considerable de dinero y, sobre todo, que al menos una parte podrías haberla ahorrado o administrado mejor.

Me acuerdo de Matías, que había gastado más de tres mil euros en videojuegos, pero no le alcanzaba para comprarse un coche usado de dos mil. ¿Ves por dónde voy?

Deshazte de lo que no necesites. Véndelo. Si no puedes, regálalo. A partir de aquí, evalúa cada gasto futuro. Todos. Que acabe siendo un hábito. No necesitabas ni la mitad de lo que te has comprado en la vida. ¿Cuánto supone eso? ¿Imaginas que ahora mismo te ingresaran en el banco todo ese dinero malgastado?

Ahora sí. Ya podemos meternos de lleno en el gran asunto del ahorro. Vamos allá.

El ahorro

Ahorrar es pesado, vale, pero es una de las mayores muestras de autocuidado y autorrespeto que existen. Me explico: los imprevistos forman parte de la vida de cualquier persona. Siempre se puede estropear la lavadora, el coche o el ordenador. Los alquileres pueden subir de forma inesperada. Puede estallar una crisis económica o la empresa para la que trabajas puede quebrar, mandándote de cabeza al paro. Cuando eventos así suceden, agradeces a tu yo del pasado que haya ahorrado.

Que haya pensado en ti.

El principal objetivo de ahorrar es llegar a crear un colchón económico de seguridad que te dé mayor margen de maniobra cuando vengan los malos momentos o surja una muy buena oportunidad de inversión.

¿De cuánto debe ser ese colchón?

Lo ideal es que al menos cubra un año de gastos básicos: vivienda, alimentación, suministros, etc. Cuanto más alto sea tu nivel de vida, más te costará conseguirlo.

Es difícil, pero no tanto como piensas.

Todos mis clientes suelen decirme al principio: «Ni de coña, Joan, es imposible». Al cabo de un tiempo (dependiendo de la persona), todos terminan afirmando: «Nunca había imaginado que podría ahorrar tanto dinero».

A veces ha sido necesario un colchón de ocho mil euros y otras, uno de catorce mil. En ocasiones hemos tardado un año en conseguirlo y otras, tres o cuatro. No importa, el esfuerzo siempre merece la pena.

Recuerdo la vez que Susana me dijo: «Joan, ¿si vendemos uno de los dos coches que tenemos será suficiente? Para el colchón, digo...». Junto con su marido, estudiaron la posibilidad de prescindir de uno de sus dos coches. Podían, ya que él trabajaba en el pueblo donde vivían. Lo vendieron por nueve mil euros, justo la cifra que necesitaban.

Además hicieron algo poco habitual que ayuda a ahorrar cuando se elimina un gasto: pusieron el dinero que habrían seguido desembolsando para pagar la gasolina en una cuenta aparte. Setenta euros mensuales.

El dinero que ahorres, retíralo y ponlo a buen recaudo si no quieres gastártelo sin darte cuenta.

¿Por qué no calculas cuánto vale tu colchón financiero? Cuando lo tengas, crea una estrategia y calcula el tiempo que tardarías en crearlo. Entre lo que puedas ahorrar y lo que puedas vender, quizá no tardes tanto como crees.

Y si te lleva cinco años o más, seguirá valiendo la pena.

¿No te gustaría que tu yo de hace siete años hubiese empezado a crear ese colchón?

¿Recuerdas la parte del libro en la que te explicaba cómo dejar un empleo que te amarga la vida? Pues tener ahorros permite hacerlo de una forma rápida y facilísima.

«Joan, si mañana voy a trabajar, tiraré a mi jefe por la ventana.

Me quiero pirar ya, hoy. Me tiene amargado y me está jodiendo la vida, no aguanto más», me dijo en una ocasión un cliente. Lo primero que le pregunté fue: «¿Tienes algo ahorrado?».

No tenía nada y al día siguiente tuvo que ir a trabajar, y con buena cara. Eso o que la casera lo echase del piso donde vivía con sus niños por no pagar el alquiler. Para que nadie diga que en el fondo no decidimos...

Aprender a ahorrar te hará más libre.

Y más disciplinado, fuerte, determinado, independiente, planificador y paciente.

Y menos consumista y materialista, cortoplacista e impulsivo.

Tener ahorros elimina las urgencias y las prisas. Esto es muy importante porque está demostrado que, salvo casos excepcionales, se toman peores decisiones financieras cuanto más difícil es la situación económica de la persona.

La falta de dinero te vuelve torpe. Coges trabajos que, en otras circunstancias, no aceptarías. Pides créditos rápidos a intereses diabólicos. Incluso puede darte por emprender sin tener mucha idea, dejando después un panorama aún peor.

Algunos, por desgracia, terminan jugándose todo lo que les queda en las apuestas, en un casino o en inversiones de riesgo.

Ahorrar es un regalo que le haces a tu yo del futuro para mejorarle y facilitarle la vida. Ni más ni menos. ¿No vas a tener ese detalle contigo?

A los veinticuatro años rompí el motor de mi coche porque no tenía cien euros para cambiar el aceite. Literal. Recuerdo a la perfección aquel día. Era final de mes, solo me quedaban dos billetes de veinte euros y el depósito de la gasolina estaba vacío. Pensé: «Tengo que ir a trabajar y necesito gasolina. Pero también necesito cambiar el aceite. Pero si no voy a trabajar no podré ganar dinero y pagar el cambio de aceite. Entonces necesito gastar esto en gasolina. Pero si cojo el coche así, sin aceite, puede que lo rompa del todo... y no tengo dinero para comprarme otro». Reposté, cogí el coche y cuatro calles antes de llegar al trabajo reventó. De chiste. De chiste sin gracia.

Lo primero que pensé fue: «¿Me ha pasado esto por no tener cien putos euros ahorrados?». Pues sí, Juanito, sí. Durante meses fui en bus a trabajar, me quedaba a mediodía en el trabajo y mi madre me venía a buscar a diario con su coche para llevarme a casa al terminar la jornada laboral.

Si te quieres (o estás en proceso de hacerlo) y te preocupas por ti y por tu vida, empezarás a ahorrar desde ya. Hoy.

Si consigues un colchón económico (que solo toques para urgencias) se te abrirán tres posibilidades:

La primera, seguir ahorrando para comprarte lo que desees más adelante.

La segunda, mucho más interesante, seguir ahorrando para reinvertir o invertir en ti.

La tercera, seguir ahorrando y disfrutar de esa tranquilidad.

La primera no es mala. Es totalmente legítima.

La tercera te ayudará a dormir tranquilo cada noche.

Pero la segunda..., esa abre posibilidades y oportunidades.

Con la segunda opción puedes adquirir un trocito de una empresa. Comprar acciones en bolsa o criptomoneda. Invertir en arte, en inmuebles o en plazas de parking. Invertir en publicidad o marketing. Gastártelo en formación o experiencias que te hagan crecer. En conocimiento. En emprendimiento. O mejor: podrás invertir en tiempo para ti trabajando menos, cogiéndote otro día libre a la semana, jubilándote antes, etc.

Ahorrar abre muchas puertas. Y todas son buenas. Pierre-Yves McSween, experto en negocios y economía, dijo en su libro *¿Real-*

mente lo necesitas? que «ahorrar es darse la oportunidad de tener oportunidades». No puedo estar más de acuerdo.

Dicho esto, a la mínima que seas un poco como era yo antes, pensarás, cabreado: «Que sí, eso está muy bien, pero no me da para ahorrar más que diez euros. Eso no sirve de nada». Tienes parte de razón. Si apartas diez euros al mes no conseguirás mucho, pero lo importante no es lo que puedes ahorrar ahora, sino lo que puedes aprender sobre el ahorro y, por lo tanto, sobre el dinero. Sobre economía personal.

No es cuestión de enfadarse o no, sino de decidir qué quieres hacer el resto de tu vida con relación a tus finanzas. A tu dinero. A tu tiempo y a tu vida. Diez euros al mes son ciento veinte al año. De haberlos tenido a mis veinticuatro años... podría haber cambiado el aceite de aquel coche. ¿Lo pillas?

Por cierto, ¿cuánto ahorraste el año pasado? ¿Mucho más de ciento veinte euros?

¿Y el anterior?

Según algunos estudios, el 40 por ciento de los españoles declara no ahorrar nada. Ni una sola de esas personas rechazaría un ingreso en cuenta de ciento veinte euros, por ejemplo. Yo tampoco lo rechazaría, la verdad.

En el fondo, se trata de que cambies tu filosofía sobre el dinero, tu relación con él y tu forma de pensar y actuar. Si lo consigues, tarde o temprano, los resultados llegarán y tu economía mejorará. Y para siempre.

¿Cuál es el principal error a la hora de ahorrar?

En realidad, son dos. El primero, no analizar bien la situación económica y no poder identificar por dónde se está «escapando» el dinero. El segundo es muy sencillo: la constancia. La mayoría ahorra un par de meses y luego se olvidan o, cuando tienen una cantidad, se la gastan en cualquier tontería.

Ahorrar es ser constante.

«Pero, Joan, ¡yo no soy constante!».

Tampoco lo era yo. Nadie nace con esa habilidad de serie. «Felicidades, ha tenido un niño de tres kilos y medio. Se ve que es un bebé bastante constante». No, no funciona así.

La constancia es una habilidad que se entrena y se mejora. Y aunque suponga desviarme un poco del tema, es una de las mejores virtudes que puedes desarrollar.

Todos sabemos ahorrar, pero de forma regular, no.

Cuando sale un móvil o una videoconsola de última generación, muchos lo compran a plazos. Y comprar algo a plazos es como ahorrar (pero pagando intereses). Piénsalo, hay que dejar de gastar una parte cada mes para pagar una letra.

Lo dicho: todo el mundo sabe ahorrar.

Vayamos a la base.

Te voy a contar cómo lo hago con mis clientes.

Cuando alguien me pide ayuda para aprender y empezar a ahorrar, primero necesito conocer a fondo la situación económica de esa persona. Le pido una especie de informe, auditoría, análisis financiero, etc., como prefieras llamarlo: cuánto dinero tiene esa persona en el banco, en casa, cuánto gana, cuáles son sus gastos ordinarios mensuales y anuales, cuánto gasta en extras (hay gastos que no son regulares, como la ropa, las averías, los viajes o regalos..., pero es interesante dividir su cuantía entre doce meses, como si fuera un gasto mensual, para prorratearla). Si quieres empezar a ahorrar primero tienes que aprender a recopilar y analizar tus propios datos. Apunta durante un par de meses TODOS tus desembolsos, por pequeños que sean. Los cafés en el bar, el paquete de chicles, el martini de los domingos, etc.

Antes de continuar voy a explicarte lo de dividir un gasto extraordinario y grande entre doce meses porque es justo el tipo de desembolso que descuadra la economía de muchas personas y hogares.

Tienes claros tus gastos mensuales y encajan en tu presupuesto, pero, por ejemplo, llega Navidad y entre ropa, regalos, cenas y demás, tu economía pega un bajón del que tardas meses en recuperarte.

No tengo nada en contra de que te compres ropa, hagas regalos, te vayas de cena, etc., pero siempre dentro de tus posibilidades. Si en fechas señaladas te gastas cuatrocientos euros y los divides entre doce meses, será como si añadieses una cuota fija de 33,33 euros al mes durante un año. No está mal, ¿eh?

Mario era como una hormiguita. Trabajaba duro, se ganaba bien la vida y no gastaba de más. Calculaba lo que compraba en el súper. Mantenía sus cuotas mensuales bajas, muy por debajo de sus ingresos. Pero no tenía un duro. Cuando me enseñó sus gastos, pensé que me estaba mintiendo. «Si lo llevas todo así de bien, ¿por qué no tienes dinero? ¿Te lo gastas todo en Las Vegas una vez al año o qué?», le pregunté.

No tanto, pero casi. Le pedí que anotase todos sus gastos durante tres meses. Empezaron a aparecer datos interesantes. Sobre todo, regalos carísimos a otras personas. Una tableta de quinientos euros para su sobrina, trescientos euros en un fin de semana en un *spa* para su hermano y, para sus padres mayores, un aspirador de última generación que le había costado trescientos cincuenta euros. Es decir, en tres meses había gastado mil ciento cincuenta euros, aparte de sus gastos ordinarios. Lo dividimos en doce meses y era como soportar una factura mensual de casi cien euros más durante un año. Además, cambiaba de móvil anualmente, aprovechaba el Black Friday para comprar videojuegos que iba apuntando durante la temporada, etc. Total, todo cuadraba. Lo bueno es que teníamos tanto margen que ahorró mucho en un año. Una burrada de cinco cifras.

El dinero es escurridizo. Átalo en corto y no le quites el ojo de encima hasta que «lo domes» o «lo domestiques».

Tampoco caigas en el error de ponerte en modo «talibán del ahorro». No necesitas convertirte en un monje asceta.

Aún me río al recordar a uno de mis clientes cuando me dijo que se había pasado la semana yendo a la fuente del pueblo para llenar las garrafas y no gastar en agua embotellada. No hay que llegar a ese punto, aunque admití que no era una mala jugada.

Por eso suelo decir lo siguiente: «Si no lo vas a hacer siempre, no lo hagas nunca».

No hay que ir a por los gastos razonables, necesarios y lógicos. Debemos atacar el gasto materialista, consumista, innecesario, prescindible, no reflexionado. El que, aunque puedas asumirlo, no te puedes permitir. Explicado esto, continuemos.

Una vez analices todos tus gastos, establece cuál debe ser tu nivel de vida.

Gary Vee, un inversor muy famoso en las redes sociales, dijo una vez que si cobras dos mil euros debes vivir como si ganases mil quinientos. Me parece un consejo poco exacto, pero útil.

Ahora que ya has analizado tus gastos y has decidido cuál debería ser tu nivel de vida, el siguiente peligro es que vuelvas a tus antiguas costumbres y termines de nuevo con problemas económicos.

Como he dicho antes, ahorrar no es complicado pero el problema es, sobre todo, la constancia.

La constancia depende de la motivación. Y la motivación depende de un buen motivo. ¿Quieres uno? De acuerdo, lee con atención:

Cuando compras algo en realidad no estás dando dinero a cambio de otra cosa. Estás dando el tiempo de tu vida que has necesitado para conseguir ese dinero. Por ejemplo, piensa en un coche nuevo de diecisiete mil euros. Esa es la cantidad que gana mucha gente en un año entero de trabajo. Comprarlo no solo significa entregar todo ese dinero, también significa entregar todo ese tiempo de tu vida.

Y repito, no tiene nada de malo comprarse un coche nuevo (o usado o de lujo, da igual), pero solo si realmente te lo puedes permitir.

A partir de ahora piensa en el dinero también como unidades de tiempo y vida invertidos en ganarlo. Recuerda: Dinero × Vida. Vida × Dinero. ¿Me sigues?

Hacia los veinticuatro años tenía menos dinero que a los diecisiete. En realidad, casi nada. No había mes que no llegase por los pelos. Me pasaba el día haciendo cuentas y siempre terminaba mal. «No sé de dónde recortar», me decía.

Un día cogí un papel y escribí en él una serie de metas que quería alcanzar antes de los treinta. Lo primero era tener cinco mil euros en el banco. En cuanto lo anoté, un pensamiento me vino a la mente: «¿Dónde vas, "flipao"?». A los treinta superaba esa cifra de sobra.

¿Cómo lo hice? Con compromiso. Hice mis números y descubrí que necesitaba ahorrar más o menos mil euros anuales durante cinco años.

Solo ochenta y tres euros al mes. Dejar de gastarlos. O ganarlos. O dejar de gastar cuarenta y un euros y medio y ganar otros tantos.

Recuerdo el día que vi esa cifra ahorrada. Lloré. Mucho. Por todas las veces que me había sentido impotente y triste por el dinero. Y por todas las veces que había visto a mis padres sufrir tanto por ello.

La vida es demasiado bonita como para pasarse el día pensando en los problemas financieros. Ojalá fuese más fácil. Me encantaría que todo fuera más barato y que ganases más, mucho más. De hecho, ojalá nadie tuviese problemas económicos. Nadie. Sé lo que es, he estado mucho tiempo ahí y solo puedo decir que es un asco. Una angustia insoportable que no permite vivir la vida plenamente. Me alegra de una forma especial poder hablar de esto aquí y tener la oportunidad de llegar a ayudar a más personas. De entregar al gran público lo que hasta ahora solo aprovechaban mis clientes.

Deseo que te sirva. De corazón.

Como he dicho al principio del capítulo, no pretendo convertirte en una persona rica. No puedo hacerlo ni prometértelo porque no podría cumplir mi promesa. Tampoco creo que ser rico sea imprescindible para alcanzar la felicidad. Mi objetivo es ayudarte a solucionar los problemas económicos que no te dejan pensar en nada más. A eliminar la puñetera distracción que supone pasarse el día haciendo números. A destruir para siempre la sensación de vivir continuamente en la cuerda floja, a desterrar para siempre y de forma definitiva la ansiedad que provoca pensar que quizá no llegues a final de mes. Y por último, a ganar margen de maniobra, a aumentar tus opciones y, como te he dicho ya un par de veces..., aumentar tu poder. Si lo consigues serás, seguro, una persona más libre. No tengo dudas.

Darle una oportunidad al ahorro es darte una oportunidad a ti. O muchas.

Inténtalo una vez más. Con todas tus fuerzas. Merece la pena. Muchísimo.

Antes de llegar al cierre, haremos una paradita para hablar sobre el «ego-dinero». ¿Que qué es eso? Sigue leyendo. Te interesa.

El ego-dinero

Llamo «ego-dinero» al que se gasta para aparentar. Para conseguir la validación y la aprobación de los demás.

La pasta que derrochas por estatus. Para fardar.

El ego-dinero, además, afecta tanto a tu economía personal como a tu autoestima. Al fin y al cabo, ¿quién no se sentiría mínimamente contrariado si alguien lo aceptase solo por su estatus o posición social?

Pese a todo, esta actitud es comprensible. Se sobreentienden unos atributos en la riqueza y otros en la pobreza. Cuanto mayor estatus y posición social, más oportunidades, seguridad y calidad de vida. Cuanta más pobreza e inferior posición social, más problemas, dificultades y peor calidad de vida. Esto es innegable, por injusto que parezca. Por mucha rabia que dé.

El juego del ego-dinero suele iniciarse en la adolescencia, cuando, sobre todo, quieres que te acepten. Formar parte de un grupo.

Si tu familia pertenecía a una clase social alta o media-alta no tenías demasiados problemas para ser aceptado en uno. Bastaban unas Nike último modelo o ropa cara para conseguirlo.

Lo mismo pasaba en todo lo referente a los primeros romances de juventud. Siempre ha habido clases. No tenías información detallada, pero lo sabías. En mi caso y en el de mis amigos del barrio, sabíamos perfectamente que había cierto tipo de chicas (de familias de alto estatus social) en clase a las que no podíamos ni acercarnos.

Tan cruel como antropológico y humano.

¿Y qué hace un niño cuando ve que no llega a ese estatus?

Entra en casa y pide unas Nike, una Mega Drive y unos Levi's 501. Para molar. Para ser aceptado. Para salir con la chica que le gusta.

Entonces la madre (porque no se atreve a pedírselo a su padre) exclama: «¡¿Qué dices, chaval?! ¡En esta casa somos pobres!». Por supuesto, el niño se enfada con ella, no con el sistema ni porque no lo acepten por su estatus. Qué va a saber él de eso, él solo quiere sentirse uno más.

Solo quiere molar e ir con los que molan.

Porque nada mola más que eso.

Así puede llegar a la edad adulta. De hecho, la mayoría lo hace. También yo pasé una larga etapa ahí...

Recuerdo a Iván, un cliente que tenía más dinero aparcado sobre cuatro ruedas en la calle que en su cuenta corriente.

O a Marc, que hacía tres meses que no sacaba el coche del garaje, un Golf GTI tuneado, porque no podía pagar el seguro.

O a Mateo, que se gastaba más en ropa de marca en un año que en el alquiler de su apartamento.

O a Clara, cuyo móvil costaba más de mil euros, pero no alcanzaba esa cifra en su cuenta bancaria.

O a María Antonia, que paseaba un bolso de dos mil euros, pero vivía en un piso compartido con tres amigas por doscientos euros cada una.

O a Inés, que estaba pagando a plazos unos «manolos».

Algunos dirán que son prioridades.

Desde luego. Pero a revisar.

Eso es ego-dinero.

Son los primeros gastos que debes prohibirte.

Porque, además, no son baratos.

Ni para el bolsillo ni para la autoestima.

No me libro de haber querido participar en el juego del ego-dinero. Un día te compras una chaqueta que no te gusta demasiado, pero está de moda. Otro día te endeudas para pagar un coche mejor y más caro. Y otro te pones a invitar a rondas en la discoteca para ser el alma de la fiesta.

Pues bien, funciona. Sí, lo has leído bien.

No a largo plazo, pero sí a corto plazo.

Pero es una mierda. Punto.

Y esa mierda acaba haciéndote sentir como un estafador, un farsante y un renegado. Además, el ego-dinero y el juego del estatus acabarán empobreciéndote.

Naval Ravikant dijo una vez con acierto que debíamos buscar prosperidad o riqueza, no estatus.

No quieras que te acepten por ser quien no eres.

Hay gente buena y mala tanto en la clase baja como en la alta.

En ambos lados hay gente interesante.

En los dos estratos sociales te encontrarás con personas a las que les interesará tu forma de ser.

Resuelve tu situación económica, por ti, por tu vida. Por tu bienestar. Por nada ni nadie más. Lo que tenga que venir, que sea de forma natural.

No necesitas impresionar a nadie.

Menos aún si, para hacerlo, tienes que mentir o aparentar.

Ahora sí, vamos a cerrar este gran obstáculo hacia la felicidad llamado «dinero». Ojalá te sirva.

Cierre

Podría pasarme horas hablando de este tema. Para mí es como hacer las paces con el Joan del pasado. Con ese cabroncete derrochador. Con el que defendía el *carpe diem*. Con el que tenía la cara de decir que no podía ahorrar mientras se recuperaba de la resaca de la última marcha a todo tren. Creo que el libro entero es para él. Y para los que pasen por lo que él vivió.

He intentado escribir el capítulo sobre el dinero pensando en si me hubiese servido leerlo cuando lo pasé tan mal con las finanzas. Creo que he conseguido mi objetivo.

No podía guardarme todo lo que he descubierto y aprendido. Como ves, no hay mucho misterio. La clave es acertar muchas más veces de las que nos equivocamos y mantener esta estadística a lo largo del tiempo.

Recuerdo con cariño los directos que hice respecto a este tema desde mi perfil de Instagram durante el confinamiento de 2020 por la pandemia de la COVID-19. Cientos de personas se unieron para hacerme preguntas y resolver dudas. A lo largo del tiempo, muchísimas me han contado que su situación económica personal mejoró gracias a aquello. Es algo que me hace sentir mucha alegría y satisfacción.

Si estás pasando por dificultades financieras, espero que hayas sacado algo de este capítulo, que empieces a aplicarlo y pronto todo mejore.

Primero, no pierdas la esperanza.

Segundo, haz tu trabajo.

Sé humilde en tu crítica. Reconoce tus errores y sé creativo en las soluciones que puedas darles. Rastrea la información y analízala. Busca patrones. Siempre podrás hacer algo para mejorar tu economía personal, pero sobre todo: aprende mucho sobre este tema.

Como dice Naval Ravikant, «Conseguir dinero no es algo que haces, es una habilidad que aprendes». Amén a eso.

Estás llegando al final. Te queda un último gran obstáculo: el miedo. Pero, tranquilo. En este punto del camino, estás más que preparado para enfrentarte a él.

Confía en ti.

EL MIEDO

Ya has llegado al último gran obstáculo hacia la felicidad: el miedo.

Es el final de tu camino. Y llegas más que preparado para lo que estás a punto de leer. Si hubieses empezado a leer este libro por aquí no habrías entendido nada, lo habrías cerrado de golpe.

Por eso este capítulo es el último. Además, tras superar los cinco obstáculos anteriores estoy seguro de que ahora eres mucho más fuerte que antes y estás en disposición de destruir esta última barrera. Vamos allá.

El miedo es el factor más limitante en la vida de una persona. Es lo que se interpone entre la vida que tienes y la que querrías tener. De entre ellos (que no son pocos) el más común quizá sea el miedo a equivocarse.

A elegir y fallar. Y que todo quede peor de lo que estaba.

Antes de nada debo aclararte algo importante: el miedo no es el problema, lo que haces o dejas de hacer cuando te invade, sí. El otro problema, bastante más profundo, es la relación que tienes con él, lo que significa para ti, el uso que le das y cómo te hace sentir.

Hay mucha confusión respecto a este tema. Tampoco yo lo tuve claro durante mucho tiempo.

El error que he observado es el siguiente: estás convencido de que un día tus miedos se irán y que, cuando llegue ese momento, actuarás y vivirás plenamente, con todo el potencial que te ofrece la vida.

Lamento decirte que no funciona así. Es más bien al revés: si quieres vivir una vida plena y con su máximo potencial, tendrás que actuar y tomar decisiones, a pesar del temor que sientas.

Si esperas a no sentir miedo para actuar, nunca lo harás.

Porque siempre estará ahí, es tu compañero de viaje, y no puedes echarlo. Lo que tienes que hacer es cambiar de estrategia, dejar de huir de él. Hazte su amigo. Pídele ayuda. Pregúntale. Háblale. Escucha lo que tiene que decir.

Si lo consigues, pasarás del «Tengo miedo, no puedo actuar» al «Tengo miedo, pero voy a actuar». Elige la segunda opción y se te abrirán las puertas de la valentía y la fortaleza y... de una más que probable mejor vida.

Todos mis clientes, sin excepción, acuden a mí con algún problema que siempre esconde un miedo.

Al rechazo, a la pobreza, al fracaso, a equivocarse, al dolor y, por supuesto, al que está detrás de todos los demás: el miedo a la muerte. ¿Qué tiene que ver la muerte con esos temores? Pues que todos estos miedos están relacionados con no vivir una vida plena y feliz.

El miedo a la muerte es el miedo a desperdiciar y malgastar la vida.

Quien vive una vida plena deja de tener miedo a la muerte.

Vive fuerte y alejarás ese temor.

¿Y qué es una vida plena?

La respuesta está en ti. Pero te aseguro que una vida plena es una vida feliz. Cómo la vivas para conseguirlo es cosa tuya.

Por ejemplo, cuando miro a mis hijos, me dan la mano, me abrazan, me besan o me llaman «papá» no puedo evitar pensar: «Valdrá la pena morir después de vivir esto».

Me vale la pena morir por haber podido vivir lo que es ser padre, por haber amado y haber sido amado, por la familia, por los amigos, por la naturaleza, por el arte, por la literatura, por la historia, por la fe, por el deporte, por la niñez, por los abuelos, por las risas, por el sexo, por la filosofía, por Tolstói, por Kant y Descartes, por Egon Schiele, por Alfons Mucha, por Bob Marley y 2Pac, por Yann Tiersen, por Dickens, por Dolores O'Riordan, por el *pospunk revival*, por los helados de pistacho, los boniatos blancos, la pizza, la cerveza, el fútbol, los paseos, el universo y la madre que nos parió a todos.

La única forma de no morir es no nacer. ¡La de maravillas que te perderías! ¿Alguna vez lo habías visto así? Cierra el libro y piensa sobre ello. Si lo necesitas, escribe una pequeña reflexión.

«¿Te sientes satisfecho con la vida que vives?», cantaba Bob Marley en *Exodus*. ¿Se parece tu vida a la vida que querrías vivir? Si no es así, tienes un problema.

Ponte la mano en el corazón y contesta: ¿te satisface la vida que estás viviendo?

Si no es así, actúa. Sí o sí.

¿Qué te separa de tu objetivo vital? ¿El miedo?

El miedo no es una señal de prohibido el paso.

Al menos no el del tipo del que te estoy hablando. No me refiero al que te invade cuando estás a punto de cometer una imprudencia, como saltar de un balcón a otro a veinte metros del suelo, o el que hace que reduzcas la velocidad en la carretera al ver un quitamiedos arrancado por un accidente anterior. Ese es bueno, ya que responde a la necesidad más importante de todas: sobrevivir.

Pero el otro no. Al otro miedo hay que decirle: «Te veo, te escucho. Puedes quedarte conmigo, quizá me sirvas. Pero no me detendré por ti. La vida que quiero vivir está en juego».

Si el beneficio tras el miedo es mayor que este... pásale por encima. Con todo.

Como dije en una entrevista: «Cuando veo un miedo, si siento algún tipo de miedo... voy a por él, de cabeza. Lo atravieso por la mitad».

Y lo hago porque sé que siempre trae algo bueno. Importante para mi vida.

No lo veas como ese demonio que no te deja vivir; imagínate que es ese ángel que te señala dónde está lo importante..., lo grande.

Te recomiendo que hagas el siguiente ejercicio que suelo usar en mi trabajo: escribe cinco comportamientos que tendrías si el miedo no te paralizase y qué conseguirías si fueses capaz de ponerlos en práctica.

Te asombrarás.

En una de las novelas más perfectas de todos los tiempos, *La muerte de Iván Ilich*, León Tolstói —para mí uno de los mejores escritores de la historia— presenta a Iván como un burócrata que invierte toda una vida en ascender y tener más dinero, reconocimiento y estatus. Con el paso de los años va consiguiéndolo hasta que, en la cumbre de su carrera, se sube a una escalera y cae desde lo más alto (maravilloso simbolismo), y comienza un declive físico que lo llevará a la tumba. Hasta que muere, se dedica a analizar su vida e intenta averiguar si la ha vivido correcta y plenamente o no. Intenta autoengañarse, pero poco antes de morir acaba admitiendo que solo su infancia fue feliz y que ha malgastado el resto. Y ya no tiene solución.

Tolstói lo cuenta así: «Los dolores de Iván Ilich debían ser atroces; pero más atroces que los físicos eran los dolores morales, que eran su mayor tormento. Esos dolores morales resultaban de que esa noche [...] se le ocurrió de pronto: "¿Y si toda mi vida, mi vida consciente, ha sido, de hecho, lo que no debía ser?"».

Haz lo necesario para no verte en la situación de Iván Ilich. No puede haber nada peor que llegar al final de la vida pensando lo mismo que él. Que la has malgastado. Desperdiciado. Porque eso sí que no tendrá solución.

Sin embargo, aprender a actuar pese al miedo no te asegura que al final consigas la vida que quieres vivir. Lo siento, es la verdad, no todo depende de ti. Pero estoy seguro de que hará que no llegues al final de tu existencia pensando que la has malgastado.

Llegarás pensando que has luchado. Que has hecho todo lo posible. Que quizá has sido torpe, pero en ningún caso un maldito cobarde.

Mi madre siempre me decía: «Cuando uno hace todo lo que está en su mano, puede descansar tranquilo».

Creo que Seth Godin se refería a esto cuando escribió: «Es perfectamente posible que al final de tu viaje nadie se ponga en pie para ovacionarte. No pasa nada. Por lo menos has vivido». Pues eso, quizá se te escape algo pese a tu valentía, esfuerzo y fortaleza, pero, joder, al menos habrás vivido y luchado por la vida que querías.

Ser fuerte y valiente no te garantiza nada, pero yo sí te garantizo que sin estos dos atributos no tienes ninguna opción de vivir una vida que de verdad valga la pena. Punto.

Valentía y fortaleza no son sinónimos de felicidad sino parte de sus ingredientes insustituibles.

De igual forma, miedo y cobardía no son lo mismo. Temer algo no te hace cobarde. Vivir limitado por culpa del miedo, sí.

A lo largo de mi vida he tenido muchos miedos y la suerte de ver cómo se materializaban. Todos. Uno por uno.

Digo «la suerte» porque gracias a eso he dejado de temer a muchísimas cosas, hasta el punto de que ahora solo me da miedo que pase algo improbable, como sobrevivir a un hijo, que un día lluevan bombas en lugar de gotas de agua o que alguien querido padezca una enfermedad terminal antes de tiempo.

Los otros miedos ya los he vivido. Y superado.

Y los he superado porque los he vivido. Hoy, lo agradezco.

También te digo que TODOS ELLOS fueron peores en mi cabeza que en la vida real.

Tengo claro que es mejor enfrentarse a un miedo que llevarlo encima demasiado tiempo. Lo primero, te lleva de cabeza hacia la fortaleza y la valentía. Lo segundo, directo hacia la debilidad, la cobardía y la inseguridad.

Es una cuestión de lógica. Si te enfrentas a tus miedos, saldrás más fuerte y valiente. Si no lo haces, no podrás quitarte de encima el sentimiento de cobardía.

Ocúpate de lo que temes y dejarás de tenerle miedo.

Vuelvo a Seth Godin para terminar esta introducción: «El miedo no es el enemigo, la parálisis lo es». Quédate con esto, lo resume a la perfección.

Seguro que en algún momento de tu vida te has enfrentado a un miedo. Usa esa experiencia. No la olvides. Tenla en cuenta cuando temas algo nuevo. Recuérdate que, al menos una vez, fuiste valiente y fuerte. Y que eres capaz de serlo de nuevo.

Ahora te hablaré de algunos de los miedos más problemáticos que existen. Comprenderás qué quieren decirte y cómo enfrentarte a ellos.

A equivocarse

¿Estás mal en el trabajo? Sal de ahí.

¿Te gusta esa persona? Pídele salir.

¿No soportas a tu pareja y quieres separarte? Vete.

¿Crees que te pagan poco? Pide más.

¿Tienes una idea brutal para tu negocio? ¡A por ello, titán!

Qué fácil, ¿eh? Si es tan sencillo, ¿por qué no lo hacemos y ya está?

Porque equivocarse da mucho miedo. Pavor. Y es comprensible, porque, obviamente, es una posibilidad.

Dejar un trabajo que detestas y acabar en uno peor.

Pedir salir a esa persona y que te diga que no.

Separarte y arrepentirte.

Pedir un aumento y salir con una carta de despido.

Montar un negocio y quebrar.

Todo esto asusta. Es obvio. Entonces empiezas a relativizar y a dudar.

«Bueno, pensándolo bien, no estoy tan mal, creo...».

«En realidad, esa persona no me gusta tanto».

«Llevamos mucho tiempo casados, ya no vale la pena».

«Es mejor un sueldo que quedarme en el paro».

«No es momento de montar un negocio».

Todos estos motivos pueden ser ciertos o formar parte de un gran autoengaño que te impide actuar. Y ya sabes qué pasa con los autoengaños: no duran para siempre. Cuando sabes que no has hecho todo lo que deberías por ti y por tu vida, tarde o temprano comienzas a desarrollar una especie de autorrencor. Y eso termina destruyendo tanto tu autoestima como tu autoconfianza.

El primer error siempre es quedarte con una vida que no te llena por miedo a que, al cambiar algo, todo acabe siendo peor que lo que ya tenías.

Responde a estas preguntas: ¿qué es lo primero que tendrías que hacer para mejorar tu vida? ¿A qué tienes miedo y qué te impulsa a plantarle cara y hacerle frente?

A lo largo de mi vida la he cagado muchísimas veces. Y de cada una de ellas he aprendido algo. Sin excepción. Por lo tanto, doy las gracias por esos errores. Algunas respuestas solo las encontrarás equivocándote.

Si te aterroriza la idea y, por ello, dejas de asumir riesgos, dejarás de aprender muchas cosas valiosísimas.

Una de mis mejores habilidades es que no me tomo mis errores demasiado a pecho. «Bueno, he metido la pata. Pero ahora sé cómo puedo hacerlo mejor en el futuro».

Te voy a dar un punto de vista que siempre me ha ayudado a verlo de esta forma: equivocarte buscando mejorar tu vida está absolutamente permitido. Pero por miedo o falso conformismo, no.

Puede que necesites equivocarte más veces por algo importante.

Por algo que valga la pena.

En este mundo, nada es gratis.

¿Quieres algo? Dime qué darás a cambio.

¿Quieres tomar decisiones importantes en tu vida?

Asume la posibilidad de equivocarte.

Recuerda esto: cuando pierdes, nunca lo haces del todo. Siempre puedes sacar algo. Algo que podrás usar más adelante.

Si te dejasen intentar algo una y otra vez, seguro que acabarías sabiendo mucho sobre eso y, llegado el momento, acertarías. Tendrías éxito.

Así que... regálate el derecho a fallar.

Porque incluye el derecho a ganar.

Todos los éxitos conllevan la posibilidad de fracasar. Paradójicamente, a veces el camino al éxito solo aparece tras los suficientes fracasos y equivocaciones. Por ejemplo, cada vez que un avión sufre un fallo grave y provoca un accidente, se revisa, se analiza y después se diseña una versión mejor. Pero antes, el avión tiene que volar al menos una vez. Si no lo pruebas, no sabrás si funciona.

El riesgo forma parte ineludible del crecimiento personal. Acéptalo. Busca el equilibrio entre riesgo y prudencia. Piénsate bien tus jugadas y movimientos. Y cuando lo tengas claro, ve a muerte.

Si esperas a ejecutar cuando no haya riesgo, nunca lo harás o ya no habrá premio alguno que ganar. El éxito y el riesgo siempre están cerca el uno del otro.

2Pac, leyenda del rap y una de las figuras más influyentes para mí, decía: «La vida es una prueba y los errores, lecciones».

Acepta la prueba. Y los posibles errores.

Si no me hubiera equivocado en la vida, este libro no existiría. Sabría muy poco sobre ella y no tendría nada que enseñar o decir.

Seguramente lo has elegido porque tus errores o meteduras de pata te han traído hasta aquí.

Por último, cuando te equivoques, no seas duro contigo. Háblate como le hablarías a alguien que ha querido ayudarte pero no ha podido o sabido.

«Tranquilo, te lo agradezco de todos modos, tu intención era lo importante», «No puedo enfadarme contigo, lo estabas haciendo por mí, por mi bien, significa mucho». ¿No sería genial que pudieras hablarte en estos términos tras un error o equivocación? Pues pruébalo. Así es como me hablo yo cuando me equivoco o fallo en algo.

Tu siguiente parada es el miedo a la soledad. ¿Recuerdas los capítulos sobre la pareja y la relación con los demás? Vamos a completarlos. Adelante.

A la soledad

Este miedo es muy común. Al fin y al cabo, el ser humano es un ser social y la idea de una soledad prolongada no nos gusta demasiado. Además hay dos tipos de soledad, por decirlo así. La que se busca y la que te encuentra. No es lo mismo pasar un tiempo solo porque así lo decides tú, que estarlo porque no te queda otra, porque te han abandonado o porque no encuentras compañía de ningún tipo. Esa es la diferencia.

He observado que la mayoría de los que tienen miedo a la soledad nunca han estado solos el tiempo suficiente o no han llegado a estarlo jamás. De nuevo, se teme lo desconocido.

Y no hablemos ya de lo extraordinario que sería encontrar a alguien que viviera aislado de verdad en nuestra sociedad. Si no tienes pareja, seguro que cuentas con amigos, familia, compañeros de trabajo o con internet, con sus redes sociales, foros, etc., aunque no sea lo mismo, por supuesto.

Huimos de la soledad como de la peste, y por eso no la conocemos. Y por eso nos da miedo.

Victoria no acababa de encajar en su grupo de amigas, pero decía: «Mejor con ellas que sola en mi casa».

Manu admitió que empezó a salir con su novia porque necesitaba compañía. Se había separado de su anterior pareja tres semanas antes, y ya no soportaba seguir solo.

Después de ver este par de ejemplos comunes, está claro que el miedo a la soledad no debería ser motivo suficiente para que una persona se convirtiera en el amigo o la pareja de alguien. Punto.

¿Alguna vez has cometido este error?

Del uno al diez, ¿cuánto te asusta la soledad? ¿Has estado solo el tiempo suficiente? ¿Cómo crees que sería tu vida si pasases una temporada así?

Quizá nunca te hayas planteado estas preguntas. Piénsalo y contesta. Por escrito, si lo necesitas.

La soledad enseña cosas que no enseña nadie ni nada más.

Búscala, tómate tu dosis periódica. Si estás a tiempo y puedes permitírtelo, vive solo durante una temporada. Que cuando vuelvas a casa no haya nadie. Que tengas muchas horas de silencio para escucharte. Que cuentes con espacio y quietud para pensar. Para conocerte. Para perder el miedo a estar solo de forma definitiva.

Si no puedes, no te conformes. Intenta pasar un ratito en soledad cada día. Cuando salgas del trabajo, da un paseo por algún lugar poco transitado. Resérvate un par de horas el fin de semana y desaparece. Si tienes pareja, pídele ayuda para conseguirlo y ofrécele también a ella esta posibilidad. Planifícate, ten una cita contigo cada semana. Regálate este privilegio.

En definitiva: **debes aprender a estar bien solo.**

Porque si lo consigues, serás mucho más independiente y tus relaciones serán más libres y sanas.

Porque si no temes a la soledad, no te asustará una ruptura. Te dolerá, por supuesto, pero no vivirás con miedo a que suceda.

Porque si te da miedo estar solo, llenarás tu espacio con cualquiera.

Porque si estás bien en soledad, buscarás compañía cuando quieras, no porque lo necesites desesperadamente.

Quienes me rodean saben que en el pasado estuve solo largas temporadas, y que aún hoy sigo disfrutando de mis ratos en soledad. Pero también son conscientes de que si estoy con ellos es por amor, elección y disfrute de su compañía, no por dependencia... ni por miedo a quedarme solo.

Ojalá tus relaciones estén siempre libres de dependencia y miedo a la soledad. Solo así pueden funcionar.

Recuerda que no hay mejor unión que la de dos personas independientes y libres.

Olga lleva bastante tiempo trabajando conmigo. En su momento me contrató para que la ayudase a analizar su insatisfactoria vida matrimonial de una forma más objetiva. Al poco acabó separándose y se propuso estar un tiempo sola antes de conocer a nadie.

Pasó por todas las fases.

Primero por la sorpresa y la novedad de la situación. Se sentía desubicada. Después vivió una fase de excitación por todo lo que podía hacer y antes no. Luego superó una pequeña etapa de añoranza de la compañía seguida de otra pesimista que todos conocemos llamada «Me pasaré la vida sola». Luego llegó a un nuevo tiempo de sosiego y calma en el que empezó a crecer muchísimo gracias al autoconocimiento.

«Ahora sé que puedo estar bien sola. Aunque prefiero tener a alguien a mi lado, sé que lo buscaré cuando lo decida, no porque no soporte la soledad», me contó en una de nuestras sesiones.

Aprender a sentirse bien estando solo es un superpoder.

Y te permite, tarde o temprano, estar bien con otra persona. Llegar a decir: «No te necesito, pero deseo estar contigo».

Sin condiciones, chantajes, dependencia, adicción o sumisión. Con total libertad.

Si no es así podrías llegar a sentir la peor soledad posible. La que se siente aunque estés acompañado.

Por eso, el siempre punzante Antón Chéjov, otro de los mejores escritores de la historia, dijo: «Si te da miedo la soledad, no te cases».

Ahora te hablaré del miedo al fracaso. Se parece al temor a equivocarse, pero como verás no son lo mismo. De hecho, se complementan, forman el paquete completo. No sé cuántos posts he escrito sobre el fracaso ni cuántas veces he hablado de ello. Es un tema necesario porque siempre hay alguien que lo espera. Ojalá te sirva. Vamos allá.

Al fracaso

El miedo al fracaso es otro de los más comunes y angustiosos que existen. Creo que es algo que hemos sentido todos alguna vez.

Hacer algo y darte cuenta de lo que sentirás si te sale el tiro por la culata. Esa bola de saliva espesa que te obstruye la garganta, las manos frías y el pecho oprimido.

Casi se te quitan las ganas de seguir adelante con ello o lo que es peor: se te quitan las ganas de empezar. Y eso es lo peor que te puedes hacer. Que por miedo a fracasar, elimines la posibilidad de triunfar. Y aquí llega una gran verdad: el miedo al fracaso es peor que el mismísimo fracaso. ¿Por qué?

Porque si no te preocupases tanto por ello, vivirías de una forma más intensa. Te atreverías a hacer lo que te apetece. Todas esas ideas que te rondan por la cabeza tendrían cabida en el mundo real. Esos grandes proyectos e ilusiones, como poco, saldrían del cajón y te pondrías manos a la obra con ellos. Tendrías, por lo menos, una probabilidad a tu favor de vivir como siempre has querido.

Ojo, no siempre tendrías éxito, pero caray..., ¡cuánto aprenderías! ¡Quizá lo suficiente como para acabar alcanzando el éxito que necesitas y esperas de la vida!

Vaya, parece que todo son ventajas... Entonces ¿por qué te asusta fracasar?

Porque detrás hay otro miedo: a la crítica, a la opinión de los demás, a los juicios, a lo que pensarán de ti, al «qué dirán».

No te da miedo cantar, lo que te da miedo es que te digan que no cantas bien.

No te da miedo bailar, sino que te digan que no lo haces bien.

No te da miedo escribir, sino que te digan que no se te da bien.

Etcétera.

Mientras tanto pasa la vida y tú ahí, sin escribir, cantar ni bailar.

No merece la pena. Fin.

«¿Qué pensarán de mí? ¿Qué dirán de mí? Creerán que soy un perdedor». Esto suele doler más que el propio fracaso. Y te hace más daño porque en el fondo deseas que los demás te acepten. Que te validen.

Quieres que la gente piense y diga cosas bonitas sobre ti. Y te encanta cuando eso pasa. Y, por supuesto, cuando no es así, te duele a rabiar.

¿Qué harías si supieras que nadie puede criticarte ni darte su opinión? ¿Qué te atreverías a hacer si nadie pudiese juzgarte después? ¿Cómo vivirías si nadie tuviera la posibilidad de censurarte por ello?

Deja que te ofrezca otra visión, otro pensamiento.

No necesitas que nadie te valide, y es mejor que te ataquen cuando haces lo que quieres que ser un cobarde preocupado solo por lo que los demás piensan de ti.

Seth Godin siempre lo ha tenido claro: «La crítica es para los que destacan». Ata cabos. Si evitas la posibilidad de que te critiquen, no podrás vivir una vida destacable. ¿Destacable para quién? Para ti, que aquí es lo único que importa.

Aquí tienes otra gran pastilla que debes tragarte: no hacer nada y vivir evitando los ataques de los demás tampoco funciona. Siempre habrá alguien que te diga «Nunca has hecho nada con tu vida», o peor aún, serás tú mismo quien te lo diga.

Imagina que, por miedo a fracasar con la publicación de este libro, hubiese declinado la propuesta. ¿Cómo hubiera podido gestionar el no haberlo hecho por miedo? ¿Hubiese podido esconderme de mi decisión cobarde? ¿Hubiera podido mentirme diciéndome que no rechacé escribirlo por temor a las críticas? Si hubiese perdido la oportunidad, lo habría pasado fatal durante mucho tiempo (quizá toda la vida). Menuda falta de valentía.

Seguramente me hubiese dicho: «Perdiste una oportunidad de oro por miedo. Eso sí que es un fracaso, Juanito».

No hacer algo por temor a fallar es el peor de los fracasos.

No hay éxito sin probabilidad de fracaso.

Y no hay fracaso que no tenga cerca la posibilidad de éxito.

Así pues, grábate esto: hay fracasos que merecen la pena.

Espero que empieces a completar el cuadro. Primero, comprende que no puedes alcanzar el éxito si no aceptas la posibilidad de fallar. Segundo, asume que evitar el fracaso quedándote de brazos cruzados no funciona, pues tarde o temprano te sentirás frustrado por no haber hecho más en la vida. Tercero, entiende que tu temor no es al fracaso, sino a lo que pensarán de ti, a la crítica, al ataque.

Cuarto y último, para perder el miedo al fracaso deberás exponerte a él, y quizá, salir derrotado más de una vez.

Grábate esto a fuego: el fracaso es normal.

No es el fin del mundo.

Lo sabemos quienes hemos pasado por ahí.

Los que nos hemos expuesto.

Y, sobre todo, quienes vivimos ajenos a la opinión de los demás. Sea buena o mala. Halagos o críticas.

Tómate muy en serio la siguiente pregunta: ¿vivirías de otra forma si no llegases a saber qué piensan los otros sobre ti? Escribe la respuesta. Tómate tu tiempo.

Piénsalo bien porque quizá a partir de ahora deberías vivir así.

Te preocupa que te critiquen porque deseas que te halaguen, te aplaudan, te validen, te aprueben. También te importa demasiado tu opinión sobre los demás y quizá criticas en exceso. Si buscas herir a los demás, es normal que también te hagan daño sus ataques. Deja de hacerlo y ya no te preocupará tanto que lo hagan contigo.

Aléjate de la necesidad y la búsqueda del placer que te producen los halagos... y dejará de importarte que los demás te critiquen.

Si lo piensas, es bastante justo. Y maduro, por cierto.

Y un buen trato.

«No me tomaré personalmente tus ataques porque tampoco vivo por tus aplausos. Mi compromiso es conmigo, con mi vida y con lo que deseo hacer en ella. Con un poco de suerte, gustará a alguien. Pero si no, habré vivido como he querido». Piensa algo así cuando te ataquen o temas ser criticado.

Naval Ravikant decía que se necesitan muchos comentarios positivos para bloquear uno negativo. Algo así como cien a uno. Te repatea más que te digan «Qué malo eres, joder» de lo que te gusta que te digan «Qué bueno eres, tío». Y no es justo para quien se detiene a animarte por el camino, ¿no crees?

El gran Steven Pressfield, autor de obras increíbles como *La guerra del arte*, dijo: «La mayoría de nosotros tenemos dos vidas: la vida que vivimos y la vida no vivida que tenemos dentro». Maldita sea, no puede ser que el miedo impida que descubras cómo sería esa vida. ¡Y menos por lo que piensen los demás!

¿Te afectan demasiado los comentarios negativos en tu blog o redes sociales pero quieres seguir mostrando tu arte al mundo?

¡Quítalos! Pero entonces también dejarás de recibir los positivos. ¿O lo haces por eso?

Ojalá vinieses al mundo con habilidades de serie suficientes como para encadenar un éxito tras otro. Pero no sé si alguna vez ha habido alguien así.

Messi nunca ha ganado un mundial.

Michael Jordan ganó seis campeonatos, pero perdió muchos otros.

Schumacher no ganó todos los años el campeonato de Fórmula 1.

Elizabeth Taylor se casó ocho veces, es decir, acumuló siete «fracasos» matrimoniales. A ver si lo superas.

Brad Pitt y Harrison Ford nunca han ganado un Oscar.

Queen no transformó todas sus canciones en un número uno.

Van Gogh solo vendió un cuadro en vida, poco antes de morir.

¿Podemos llamarles «fracasados»?

Quizá te convenga reformular tu definición de fracaso. Venga, hazlo.

Scott Adams, autor del gran éxito de la tira cómica *Dilbert*, dijo que «Hay que fracasar en dirección al éxito» y que «El fracaso siempre me aporta algo valioso. No lo dejo en paz hasta que extraigo ese valor. Llevo muchísimo aprovechándome de los fracasos».

¿Qué quiere decir?

Una vez más, que fracasar por algo grande vale la pena.

Y que el problema no es el fracaso, sino el miedo a que suceda.

Resumiendo: si vas a fracasar, que sea por algo bonito. Importante para tu vida. Que al final puedas decir con una sonrisa enorme en la cara: «Al menos lo he intentado, eso nadie me lo puede quitar».

No sé si este libro tendrá éxito o no, pero aquí está. Me he atrevido a escribirlo. Y lo he hecho lo mejor que he podido, con la mejor intención. Por algo bonito. Y eso me aportará paz interior. Aunque «fracase».

¿Cómo no me va a valer la pena exponerme al fracaso y a la crítica de este modo?

A la falta de sentido

Por último, quiero hacer un breve apunte sobre una de las cuestiones filosóficas más profundas y discutidas a lo largo de la historia: el sentido de la vida y nuestra misión en ella.

Está claro que no tengo nada nuevo que aportar. Pero puedo darte mi respuesta y conclusión. Desde niño ha sido una pregunta recurrente en mi cabeza, así que la tengo bastante trabajada. Y trabajar mucho algo supone que aprendes a sintetizarlo, lo simplificas a su mínima expresión. Como dice Naval Ravikant: «Si no sabes explicar algo complejo de forma simple es que realmente no entiendes lo que intentas explicar».

Para mí, **la misión y objetivo del ser humano es intentar ser feliz, hacer el bien, tener paz dentro y llevar paz fuera. Quien viva así, vivirá con sentido.**

Si lo haces de forma regular durante toda tu vida, cuando esta llegue a su fin te prometo que no tendrás la sensación de haberla desperdiciado. Y podrás irte en paz.

Ojalá pudiese convencerte, sin más. Aunque es probable que, como yo, tengas que averiguarlo por tu cuenta. A través de la vida. Como tiene que ser.

Cierre

El miedo no es tu enemigo. Es lo que es y tiene su función. El problema surge a raíz de tu relación con él.

Recuerdo la última vez que pasé miedo de verdad. Estaba con mi familia cenando en nuestro restaurante favorito. Mis hijos pidieron pollo empanado. Christian, el mayor, que tendría unos seis años, no pudo esperar a que el plato se enfriara y comió un trocito. Pequeño como un guisante. Justo después me pidió agua. Se bebió el vaso entero. Luego otro, que también se acabó. Hizo lo mismo dos veces más. Después del cuarto vaso, le pregunté: «¿Qué pasa, Christian?».

«Tengo algo en la garganta», me dijo. Gracias a mi formación en la Policía Local, supe cómo proceder. Respiraba bien. Le pedí que tosiera para expulsar el trozo de comida, pero Christian se puso muy nervioso de repente y empezó a llorar con ansiedad. Me olía lo que podía pasar, así que me lo llevé al servicio. Cuando llegamos allí, ya se encontraba en pleno ataque de pánico. Quiso toser con todas sus fuerzas y eso hizo que terminara vomitando. Entre arcadas, cogió aire con tanta intensidad que se tragó su propio vómito. Lo aspiró. Entonces la cosa se puso jodida. Muy muy jodida.

¿Sabes eso que dicen que los que se asfixian se ponen azules? Pues es bastante literal. Así estaba mi hijo.

No respiraba ni atendía a mis indicaciones, así que empecé a hacerle la maniobra de Heimlich. A la tercera sacudida, le salió de todo por la boca y recuperó el color. Volvía a respirar, pero su nerviosismo aumentó al verse en esa escena. Entre sollozos, acertó a decir: «Papá, no me quiero morir».

Le dije: «Por mis cojones que eso no va a pasar, ¿me oyes? ¡Es imposible! Estoy aquí, campeón... ¡Pronto pasará!».

Devolvió varias veces, pero siempre acababa tragándose de nuevo el vómito. Y cada vez le tenía que practicar la maniobra de Heimlich. Al final, pude llevar la situación a un estado tolerable, llamé a una ambulancia y llevamos a mi hijo al hospital.

Se seguía notando algo en la garganta, pero lo peor ya había pasado. En el hospital le hicieron pruebas y descubrieron que tenía una herida en la garganta, como un corte o un rasguño grande, producto de la expulsión de aquel maldito trozo de carne.

Ahora pensarás: «Menos mal que estabas ahí, macho, eres un valiente».

Sí, pero estaba cagado de miedo.

De hecho, me siguieron temblando las piernas durante tres días.

No he pasado tanto miedo en mi vida.

No sé si el pánico que sentí me sirvió para estar más atento, creo que no, pero sé que estaba ahí porque... ¡es lo normal! ¡Mi hijo se estaba ahogando! ¡Podía morir! ¿Cómo no iba a tener miedo? ¿Pero iba a detenerme? Ni hablar.

Fui valiente... a pesar del miedo.

Gracias a él. ¡Sin miedo, no hay valentía posible!

En la vida tendrás que hacer muchas cosas que te darán miedo. Hazlas, siempre, sientas lo que sientas.

Si lo haces una y otra vez, tarde o temprano aceptarás la presencia del miedo como una emoción más.

Y cada vez serás más fuerte. Más valiente.

Y un día dirás: «No temo a nada», pero en el fondo lo que querrás decir es: «El miedo ya no me da miedo».

Con esto terminan los 6 obstáculos que se interponen entre tú y la felicidad. Como ves, se trata más de quitar que de añadir. Por eso suelo decir, en un tono muy informal, que la felicidad es como una casa que tiene una enorme boñiga de vaca en medio del salón. No sirve de nada instalar un televisor de ochenta pulgadas, poner un sofá de cuatro mil euros y colgar un cuadro original de Goya si eso sigue ahí. Lo primero que hay que hacer es quitar toda la mierda.

Ahora te invito a leer el cierre que te he preparado.

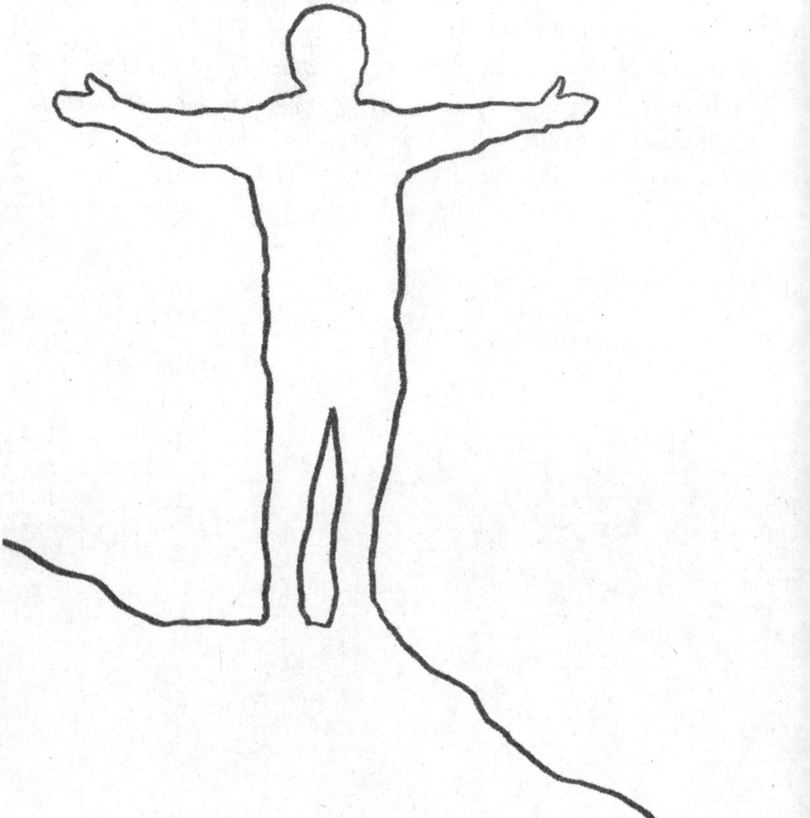

CIERRE

Ya está. Se acabó. Has terminado. Te agradezco muchísimo que hayas llegado hasta aquí. Espero y deseo de corazón que te haya servido.

Como le escribe Ellie a Carl al final de su álbum de aventuras en la maravillosa película *Up*: «Ahora te toca a ti».

No me ha cabido en el libro todo lo que quería decirte, pero está lo más importante. Y, sobre todo, lo más útil y práctico. Porque mi mayor deseo es que este manual te sirva. Que lo uses. Que lo trabajes. Que te lleve a hacer algo. A actuar.

Pero más importante aún es que te dé cierta esperanza.

Que te haga creer que todo este asunto de la vida y de la felicidad dependen de ti más de lo que piensas.

Que tienes más poder del que intuyes.

Que puedes mejorar. O al menos intentarlo.

Que no tienes que resignarte antes de tiempo.

Que no debes renunciar a una vida mejor.

Que el esfuerzo merece la pena.

Que mañana puede ser otro día. Mejor.

Que mañana quizá empiece todo de nuevo. Y que esta vez puede ser la buena.

Que el pasado puede influirte, pero que tienes la capacidad de lograr que sea para bien, no para mal.

Que no hayas demostrado ser fuerte no implica que no puedas aprender a serlo desde hoy mismo.

Que nunca hayas disfrutado de una buena autoestima y autoconfianza no quiere decir que no puedas lograrla tarde o temprano.

Que no hayas encontrado buenos amigos por el camino no implica que no los puedas llegar a tener.

Que no hayas tenido buenas parejas no quiere decir que esa persona no exista para ti. Y que tú no puedas ser la pareja ideal para alguien.

Que no hayas descubierto cómo librarte de los problemas económicos no significa que no puedas aprender lo suficiente como para no volver a tenerlos.

Que no hayas sido valiente antes no implica que tengas que ser un cobarde el resto de tu vida.

Todo puede cambiar.

Sobre todo si crees en el cambio.

No te rindas antes de tiempo.

Como dice la legendaria canción de Pink Floyd *Hey You*: «No te rindas sin luchar».

Por favor, no te rindas.

Mi gran truco fue que decidí no rendirme. Y lo hice cuando peor pintaba todo. Cuando no tenía ni un motivo para creer que las cosas podían ir a mejor. Sin esa decisión, hoy no estaría aquí.

Tuve fe y esperanza.

Es lo que espero haberte enseñado.

No me he guardado nada. Te lo prometo.

No tengo más secretos ni trucos. Si descubro otros nuevos, te los volveré a dar.

Espero que seas fuerte y constante.

Espero que seas mejor persona cada vez. Más bondadosa.

Espero que te llenes de esperanza y positividad.

Espero que dejes a un lado el rencor y el odio.

Espero que seas benevolente contigo mismo y con los demás.

Espero que te llenes de paz y que, así, puedas darla al mundo.

Espero que tengas una vida de la que te sientas orgulloso, con sus éxitos y sus fracasos.

Espero que aprendas a mantener la paz interior cuando todo se tuerza y los demás entren en pánico.

Espero que aprendas a contar contigo.

Espero que sepas seguir funcionando a pesar del miedo.

Espero que ayudes a quien te lo pida y que pidas ayuda cuando la necesites.

Espero que te rías mucho y llores a gusto cuando toque. También hay mucha belleza en el dolor y la tristeza. Atento.

Espero que mires siempre en la dirección adecuada para no perderte el increíble mundo en el que vives.

Espero que te hagas fuerte en tus valores y principios y que respetes los de los demás.

Espero que seas prudente cuando debas serlo y atrevido cuando sea necesario.

Espero que te cuides mucho. Que hagas cosas buenas por y para ti.

Espero que cuides de los tuyos.

Espero que des esperanza a los demás.

Espero que el amor siempre ande junto a ti.

Espero que descanses bien cada noche sobre la almohada de tu conciencia.

Espero que tengas una vida que, llegado el momento, te permita irte pensando: «Lo he dado todo, me puedo ir en paz».

Y espero que aprendas a ser feliz. O al menos un poco más que ahora.

Ese poco puede ser mucho. Puede marcar la diferencia.

Ten esperanza. Ten fe.

Gracias, de todo corazón.

FUERZA Y PAZ.

Lecturas recomendadas

Ensayos

Adams, Scott, *Cómo fracasar en casi todo y aun así triunfar*, Empresa Activa, 2014.
Aristóteles, *Ética a Nicómaco*, Gredos, 2014.
Aurelio, Marco, *Meditaciones*, Taurus, 2012.
Buster, Bobette, *Storytelling: cómo contar tu historia para que el mundo quiera escucharla*, Koan, 2020.
Camus, Albert, *El hombre rebelde*, Debolsillo, 2021.
Chéjov, Antón P., *Sin trama y sin final: 99 consejos para escritores*, Alba, 2005.
Chesterton, G. K., *Ortodoxia*, Acantilado, 2018.
DeMarco, M. J., *Unscripted: life, liberty, and the pursuit of entrepreneurship*, Viperion Publishing Corporation, 2017.
Descartes, René, *Discurso del método. Meditaciones metafísicas*, Espasa Libros, 2003.
Dyer, Wayne W., *Tus zonas erróneas: guía para combatir las causas de la infelicidad*, Debolsillo, 2018.
—, *Piensa diferente, vive diferente: no te creas todo lo que piensas*, Debolsillo, 2019.
Ellis, Albert, *Una nueva guía para una vida racional*, Obelisco, 2017.

Ferrazzi, Keith y Tahl Raz, *Nunca comas solo: networking para optimizar tus relaciones personales*, Profit, 2015.

Flew, Antony, *Dios existe*, Trotta, 2012.

Frankl, Viktor E., *El hombre en busca de sentido*, Herder, 2011.

Gawdat, Mo, *El algoritmo de la felicidad. Únete al reto de los mil millones de personas felices*, Zenith, 2017.

Godin, Seth, *Tribus: necesitamos que tú nos lideres*, Gestión 2000, 2009.

—, *¿Eres imprescindible?*, Gestión 2000, 2012.

—, *El engaño de Ícaro: ¿hasta dónde quieres volar?*, Gestión 2000, 2013.

Goldberg, Natalie, *El gozo de escribir: el arte de la escritura creativa*, La Liebre de Marzo, 1993.

Gottman, John M. y Nan Silver, *Siete reglas de oro para vivir en pareja*, Debolsillo, 2000.

Han, Byung-Chul, *La expulsión de lo distinto: percepción y comunicación en la sociedad actual*, Herder, 2019.

Harris, Russ, *Cuestión de confianza: del miedo a la libertad*, Sal Terrae, 2012.

Jorgenson, Eric, *The Almanack of Naval Ravikant*, Magrathea Publishing, 2020.

Jung, Carl G., *Los complejos y el inconsciente*, Alianza, 2013.

—, *El libro rojo*, El Hilo de Ariadna, 2019.

Kant, Immanuel, *Crítica de la razón práctica*, Alianza, 2005.

—, *Fundamentación de la metafísica de las costumbres*, Tecnos, 2006.

Katie, Byron y Stephen A. Mitchell, *Amar lo que es: cuatro preguntas que pueden cambiar tu vida*, Books4pocket, 2009.

Keller, Gary y Jay Papasan, *Sólo una cosa: detrás de cualquier éxito se encuentra una sencilla y sorprendente verdad: enfócate en lo único*, Aguilar, 2016.

King, Stephen, *Mientras escribo*, Debolsillo, 2003

Krishnamurti, Jiddu, *La educación y el significado de la vida*, Obelisco, 2017.

Kübler-Ross, Elisabeth, *La muerte: un amanecer*, Luciérnaga, 2017.

Lama, Dalai y Howard C. Cutler, *El arte de la felicidad*, Debolsillo, 2003.

Lanza, Robert y Bob Berman, *Biocentrismo*, Sirio, 2012.

Lewis, C. S., *Cautivado por la alegría: historia de mi conversión*, Harper Collins Publishers, 2006.

—, *Mero cristianismo*, HarperCollins Publishers, 2006.

MacLeod, Hugh, *Ignora a todos: y otros 39 consejos para desarrollar tu potencial creativo*, Empresa Activa, 2009.

Maltz, Maxwell, *Psicocibernética: el secreto para mejorar y transformar su vida*, Open Project Books, 2000.

May, Rollo, *Amor y voluntad*, Gedisa, 2011.

Mello, Anthony de, *Redescubrir la vida: despierta a la belleza de la realidad y redescubre la vida que te has estado perdiendo*, Gaia, 2013.

Newport, Cal, *Hazlo tan bien que no puedan ignorarte: por qué ser competente importa más que la pasión para alcanzar el trabajo de tus sueños*, Asertos, 2017.

Osho, *Emociones libres del miedo, los celos y la ira*, Edaf, 2002.

Peterson, Jordan B., *12 reglas para vivir: un antídoto al caos*, Planeta, 2018.

—, *Más allá del orden: 12 nuevas reglas para vivir*, Planeta, 2021.

Pressfield, Steven, *La guerra del arte: rompe las barreras y vence tus batallas creativas internas*, Black Irish Entertainment, 2013.

—, *Nobody wants to read your sh*t: and other tough-love truths to make you a better writer*, Black Irish Entertainment, 2016.

Robbins, Tony, *Controle su destino: despertando al gigante que lleva dentro*, Debolsillo, 2010.

Rosenberg, Marshall B., *Comunicación NoViolenta: un lenguaje de vida*, Acanto, 2019.

Russell, Bertrand, *La conquista de la felicidad*, Debolsillo, 2003.

Schopenhauer, Arthur, *El arte de ser feliz. Explicado en cincuenta reglas para la vida*, Herder, 2015.

Séneca, Lucio A., *Sobre la felicidad. Sobre la brevedad de la vida*, Edaf, 2012.

Spira, Rupert, *Presencia: el arte de la paz y la felicidad*, Sirio, 2015.

Strobel, Lee, *El caso de Cristo: una investigación personal de un periodista de la evidencia de Jesús*, Vida, 2014.

Thoreau, Henry D., *Desobediencia civil*, José J. de Olañeta, editor, 2002.

Trías de Bes, Fernando, *El libro negro del emprendedor: no digas que nunca te lo advirtieron*, Empresa Activa, 2007.

Ueland, Brenda, *Si quieres escribir*, BN Publishing, 2010.

Urbina, Dante A., *¿Dios existe? El libro que todo creyente deberá (y todo ateo temerá) leer*, CreateSpace, 2016.

Novelas

Agassi, Andre, *Open: memorias*, Duomo, 2019.

Albom, Mitch, *Martes con mi viejo profesor: un testimonio sobre la vida, la amistad y el amor*, Embolsillo, 2010.

Baroja, Pío, *El árbol de la ciencia*, Caro Raggio, 2012.

Chéjov, Antón P., *Cuentos imprescindibles*, Penguin Clásicos, 2017.

Dickens, Charles, *Cuentos de Navidad*, Alianza, 2018.

Dostoievski, Fiódor M., *Crimen y castigo*, Planeta, 2016.

Gaarder, Jostein, *El mundo de Sofía: novela sobre la historia de la filosofía*, Siruela, 2010.

Hemingway, Ernest, *El viejo y el mar*, Debolsillo, 2012.

Huxley, Aldous, *Un mundo feliz*, Debolsillo, 2003.
Moore, Alan y Dave Gibbons, *Watchmen*, ECC, 2018.
Quincey, Thomas de, *Los últimos días de Kant*, Trasantier, 2015.
Saint-Exupéry, Antoine de, *El principito*, Alianza, 1997.
Steffens, Roger, *Tanto que contar: historia oral de Bob Marley*, Malpaso Holding, 2019.
Thoreau, Henry D., *Walden. Edición Ilustrada. 200 aniversario del nacimiento de Henry David Thoreau*, Errata Naturae, 2017.
Tolstói, Lev N., *La muerte de Iván Ilich*, Océano de México, 2001.
Yogananda, Paramahansa, *Autobiografía de un Yogui*, Self-Realization Fellowship, 2006.